Gebrauchsanweisung
für den Vatikan

Rainer Stephan

Gebrauchsanweisung für den Vatikan

Piper München Zürich

Mehr über unsere Autoren und Bücher:
www.piper.de

ISBN 978-3-492-27549-1
© Piper Verlag GmbH, München 2009
Karte: cartomedia, Karlsruhe
Gesamtherstellung: CPI – Clausen & Bosse, Leck
Printed in Germany

Inhalt

Der Hügel am anderen Tiberufer   **9**
*Als Touristenziel hat der Vatikan Rom den
Rang abgelaufen. Die Römer selbst sehen das
mit eher gemischten Gefühlen*

Am Anfang war der Zirkus   **16**
*Lebte Petrus jemals in Rom? Liegt dort wirklich
sein Grab? So oder so: Im Vatikan zeigt sich,
dass auch Legenden Fakten schaffen können*

Die letzte Mitte der Welt   **33**
*Der Petersplatz ist auch das Ergebnis von
Improvisation und architektonischen
Täuschungsmanövern*

Dem Himmel nah **49**
Wer die Peterskirche besucht, sollte sich viel Zeit nehmen. Und wer ihr aufs Dach steigen will, braucht obendrein eine gute Kondition

Zutritt verboten – aber nicht für alle **62**
Wer das Passwort kennt, braucht die Schweizergarde nicht zu fürchten. Und findet direkt neben dem Petersdom eine Oase des Friedens

Immer an der Wand lang **77**
Ein Rundweg im Schatten der vatikanischen Mauern

Von himmlischer Arbeit und irdischem Lohn **84**
Aus mehr als einem guten Grund gehört der Kirchenstaat zu Italiens begehrtesten Arbeitgebern

Der Weltstaat als Dorf **93**
Hinter der Porta Sant'Anna spielt sich ein großer Teil des vatikanischen Alltags ab

Das katholische Imperium **114**
Der Vatikan verwaltet nicht nur ein Weltreich des Glaubens, sondern nebenbei auch sich selbst: den kleinsten Staat des Erdkreises

Wandlungen der Heiligkeit **140**
*Unnahbar ist der Papst längst nicht mehr.
Benedikt XVI. lebt sogar in einer WG. Und mag
ohne Frauen in seiner Umgebung nicht
auskommen*

Fidel Castro vorm Jüngsten Gericht **153**
*Eine Herausforderung für Individualisten: der
Besuch der Vatikanischen Museen*

Als Pilger durch Rom **176**
*Der Besuch der sieben großen Wallfahrtskirchen
war und ist eine anstrengende Tour – und bleibt
damit durchaus einen Ablass wert*

Gräber im Grünen **199**
*Roms Christen haben sich, allen Legenden zum
Trotz, nicht in den Katakomben versteckt. Einen
Besuch sind sie trotzdem wert*

Ein Ausflug nach Castel Gandolfo **210**
*Über die Melancholie der Via Appia, den
Urlaub des Papstes, den Vorzug eigener
Milchkühe und Galileis Rache*

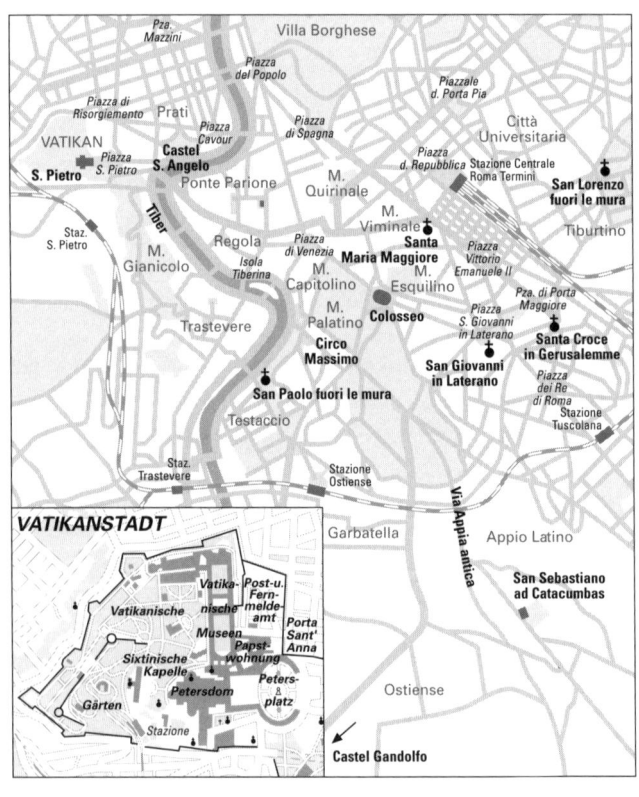

Der Hügel am anderen Tiberufer

Als Touristenziel hat der Vatikan Rom den Rang abgelaufen. Die Römer selbst sehen das mit eher gemischten Gefühlen

Alle Wege führen nach Rom? Das war einmal, damals, als die Hauptstadt des römischen Imperiums nicht nur das Zentrum der Alten Welt war, sondern der Knotenpunkt all jener großen Heerstraßen, die noch die entlegensten Teile des Reichs und seiner Vasallenstaaten mit Rom verbanden. Gewiss, auch heute zählt Italiens Hauptstadt zu den beliebtesten Reisezielen, nicht zuletzt ihrer vielen antiken Baudenkmäler wegen. Und selbst wenn einige von ihnen, wie das Kolosseum oder das Pantheon, eindrucksvoll erhalten sind, bewegt man sich beim Besuch dieser Sehenswürdigkeiten doch meist über Ruinenfelder. Nicht einmal deren berühmtestes, das Forum Romanum, erzählt nur von Glanz und Größe der antiken Metropole, sondern ebenso von deren Niedergang. Die Wege nach Rom, die Wege aus Rom in die Welt, die römische Macht selbst – sie sind längst verfallen.

Nicht Rom, sondern der vom römischen Stadtgebiet umgebene Stadtstaat Vatikan gilt heute als das Zentrum der Welt, zumindest für mehr als 1,1 Milliarden Mitglieder der römisch-katholischen Kirche – und weltweit wächst deren Anzahl trotz einiger Rückgänge in Europa stetig weiter. Die Bezeichnung *römisch*-katholisch ist dabei durchaus Programm. Anders als die übrigen Weltreligionen ist die katholische Kirche streng zentralistisch organisiert: Nicht nur dass im Vatikan ihr geistliches Oberhaupt, der Papst, residiert, hier laufen außerdem sämtliche Verwaltungsstränge der Weltkirche zusammen.

Doch nicht nur alle katholischen Dienstwege führen deshalb »nach Rom«, genauer gesagt: in den Vatikan. Der kleine Staat des Papstes hat auch als touristisches Ziel der italienischen Hauptstadt längst den Rang abgelaufen. Deswegen ließe sich heute eher sagen: Alle Wege führen in den Vatikan.

Die Römer selbst bestreiten das natürlich vehement. Es gebe Touristen, so erzählen sie gern, die tagelang den Schönheiten Roms nachspürten, ohne dem jenseits des Tiber gelegenen Vatikan auch nur einen einzigen Besuch abzustatten. Umgekehrt lasse kein noch so katholischer Vatikanbesucher sich die Gelegenheit zum Sightseeing Roms entgehen.

Vielleicht stimmt das sogar. Aber es besagt nichts. Denn abgesehen davon, dass viele der römischen Tourismusschaustücke in Wahrheit dem Vatikan gehören (und oft sogar zu dessen exterritorialen Hoheitsgebieten zählen), lässt sich die hohe Attraktivität des Vatikans spätestens seit dem Heiligen Jahr 2000 mit einer höchst eindrucksvollen Zahl belegen: Während normalerweise um die 15 Millionen Reisende pro Jahr Rom besuchen, stieg ihre Zahl in 2000 auf fast 50 Millionen.

Wirtschaftlich sind es jedoch mehr die Fremdenverkehrsindustrie und die Finanzsäckel der italienischen Hauptstadt, die vom Ansturm der Reisenden auf den Vatikan profitieren; denn hinter dessen Mauern finden sich, jedenfalls für Touristen, weder Unterkünfte noch Verpflegungsmöglichkeiten. Dennoch sollte man sich im Gespräch vor allem mit alteingesessenen Römern davor hüten, allzu begeistert vom Vatikan zu schwärmen. Und ganz falsch wäre es, den Vatikan als einen der vielen sehenswerten Stadtteile Roms zu bezeichnen.

Tatsächlich zählt der jenseits des Tiber liegende Mons Vaticanus, der Vatikanische Hügel – hartnäckigen Reiseführerberichten zum Trotz –, keineswegs zu den berühmten sieben Hügeln Roms. Noch im Mittelalter hörte der römische Herrschaftsbereich am Tiberufer auf. Und auch wenn mittlerweile halb Rom auf der anderen Tiberseite liegt und der Kirchenstaat deshalb komplett von römischem Stadtgebiet umschlossen ist: Die meisten Römer sind weder stolz auf die Nachbarschaft zum Vatikan noch wirklich dankbar darüber. Stattdessen betrachten sie den kleinen Staat des Papstes und dessen wachsende Beliebtheit mit, gelinde gesagt, gemischten Gefühlen.

Die spinnen, die Römer? Keine Rede davon – finden jedenfalls die Römer selbst. In ihren Augen sind es schon immer die Christen, die spinnen. Dabei geht es weniger um Touristenströme und den schnöden Mammon, den sie in die Kassen spülen, als um große Prinzipien. Und das schon von alters her: Wie ihre antiken Vorfahren finden die heutigen Römer es merkwürdig, ja verdächtig, wenn jemand behauptet, er nehme seine religiöse Überzeugung ernster als die schönen (oder auch traurigen) Dinge dieser Welt.

Dass sich dem zum Trotz viele dieser schönen Dinge im Vatikan zu einem weltweit einmaligen Gesamtkunstwerk vereinen, dass ausgerechnet der Glaube an eine überirdische Macht den Kirchenstaat zu einem eindrucksvollen Ensemble irdischer Machtattribute werden ließ; dieses Paradox macht den Römern – und nicht nur ihnen – besonders schwer zu schaffen.

Dabei ist es ja nicht so, dass Italiener, und zumal die Bewohner von Italiens Hauptstadt, keinerlei Sinn fürs Übernatürliche hätten, im Gegenteil: Die römische Alltagssprache und Alltagskultur quellen geradezu über von Bannflüchen oder Segenswünschen, vom Glauben an Wunder und Vorbedeutungen, vom bösen Blick oder anderen magischen Kräften; die Zahl der allein in Rom niedergelassenen Wahrsagerinnen, Astrologen und Kartenleser geht in die Zehntausende.

Zugleich aber gibt es kaum einen Ort auf der Welt, in dem das pragmatische Denken auf eine derart gefestigte Tradition zurückblicken kann wie in Rom. Egal, ob es sich um große Verwaltungsprobleme oder um kleine Sorgen des täglichen Lebens handelt: Die Römer interessieren sich kaum je dafür, wie und warum ein Problem entstanden ist, sondern fragen vor allem, wie es sich möglichst unkompliziert abstellen lässt – oder wie man sich über die Misere hinwegmogeln könnte.

Wie das zusammengeht – nüchterner Pragmatismus hier und Geisterglauben dort? Einfache Antwort: Es geht eben nicht zusammen. Die Römer betreiben schlicht beides nebeneinander, stürzen sich mit Hingabe in die Rituale des Aberglaubens und die Lektüre ihrer Horoskope – und kümmern sich zugleich, mit einer davon völlig unberührten Nonchalance, um die Bewältigung ihres Alltags.

Das hat, wie gesagt, Tradition: Schon im alten Rom wurde beispielsweise kein Feldzug unternommen und kein wichtiges Gesetz erlassen, ohne dass die Auguren, die staatlichen Wahrsager, vorher unter großem zeremoniellen Aufwand die Erfolgschancen des Unternehmens aus den Formationen fliegender Vögel oder aus den Eingeweiden von Opfertieren herausgelesen hätten. Nur, sobald es dann zur Sache ging, dachte kein Feldherr und kein Politiker auch nur im Traum daran, sich an die mit Hilfe solch magischer Praktiken gewonnenen Erkenntnisse zu halten.

Und überhaupt, werfen wir nicht alle, selbst wenn wir uns für nüchterne Verstandesmenschen halten, ab und an einen Blick in unser Horoskop, notieren wir nicht wenigstens im Unterbewusstsein, dass uns gerade eine schwarze Katze von links über den Weg lief oder der Freitag auf einen 13. fällt? Die Römer jedenfalls halten das für ganz normal. Als wirklich beunruhigend empfinden sie erst das Gegenteil: dass es Leute wie die Christen (*cristiani* bedeutet in Rom vor allem Katholiken) gibt, die ihr irdisches Leben allen Ernstes an einem überirdischen Prinzip auszurichten versuchen.

Ja aber – die allermeisten Römer sind doch selbst katholisch? Sind sie; doch ihr Katholizismus manifestiert sich, wenn überhaupt, in ihrem Aberglauben, vor allem in der oft inbrünstigen Verehrung von mysteriösen Reliquien, Heiligenbildern oder frommen Wunderheilern wie Padre Pio, der es in Rom wie in ganz Italien an Popularität locker mit dem Papst aufnehmen kann.

Mit anderen Worten: Römer, die etwas auf sich halten, sind im Grunde ihres Herzens bis heute Heiden geblieben. Und merkwürdigerweise war genau dieses römische Heidentum der Grund dafür, dass die ersten Päpste hier ihre Residenz errichteten.

Was uns mittlerweile als selbstverständlich erscheint, ist ja eigentlich sehr sonderbar. Kann man sich Berlin als Zentrum des Buddhismus vorstellen oder Buenos Aires als Zentrum des Islam? In aller Regel haben Religionen, auch Weltreligionen, ihren geistlichen und irdischen Mittelpunkt doch dort, wo sie entstanden sind und wo ihr Gründer gewirkt hat.

So ähnlich hatte kurz nach dem Tod des Jesus von Nazareth ausgerechnet der später als erster römischer Papst verehrte Apostel Petrus argumentiert. Damals war noch Jerusalem das Zentrum der gerade entstehenden neuen Religion. Und nicht nur Außenstehende, sondern auch die meisten ihrer Anhänger betrachteten die kleine christliche Glaubensgemeinschaft lediglich als Variante des Judentums, als jüdische Sekte. Nach Ansicht der Jerusalemer Urgemeinde und ihres Vorstehers Petrus konnten daher nur Juden Christen werden; die Voraussetzung der christlichen Taufe war die jüdische Beschneidung.

Gegen diese Sichtweise argumentierte am vehementesten der erst nach Jesus' Tod zum Christentum bekehrte Paulus von Tarsus. Auch Paulus war Jude, zugleich aber als Einwohner der (in der heutigen Südtürkei gelegenen) römischen Provinz Kilikien römischer Staatsbürger. Er und seine Mitarbeiter wollten die christliche Missionsarbeit ganz gezielt auf alle »Heiden«, also auf Nichtjuden, ausdehnen.

Die Gegensätze zwischen den Anhängern des Petrus und denen des Paulus wurden während der 40er-Jahre des ersten Jahrhunderts in einer Art Generalversammlung ausgetragen, dem sogenannten Apostelkonzil von Jerusalem. Dieses erste Konzil war zugleich schon das letzte, das in der ursprünglichen Heimat des Christentums abgehalten wurde; denn im Lauf der Beratungen setzte sich die Paulusfraktion vollkommen durch. Von da an galt die ganze Welt – und das hieß damals in erster Linie: das römische Weltreich – als potenzielle Heimat des Christentums. Und als dessen künftiges Zentrum fassten Paulus und seine Anhänger nach ihrem Debattensieg über die Jerusalemer Urgemeinde selbstbewusst die Stadt Rom ins Auge – auch und gerade, weil Rom so heidnisch war.

Am Anfang war der Zirkus

Lebte Petrus jemals in Rom? Liegt dort wirklich sein Grab? So oder so: Im Vatikan zeigt sich, dass auch Legenden Fakten schaffen können

Wollten die Untertanen des römischen Kaisers Nero in den Zirkus gehen und zuschauen, wie Akrobaten auf Stangen oder Seilen balancierten, wie Gladiatoren sich totschlugen oder Christen von wilden Tieren zerfleischt wurden (was, wie wir noch sehen werden, viel seltener geschah, als man allgemein glaubt), dann mussten sie den Tiber überqueren. Dort, wo heute die Peterskirche steht, lag gleich neben dem Friedhofsgelände, dem *ager vaticanus*, der Zirkus des Nero.

Das Zentrum der katholischen Kirche wurde also auf einem Zirkusgelände erbaut. Lästermäuler, die den täglichen Touristenbetrieb auf dem Petersplatz vor Augen haben, würden sagen: Das passt doch auch.

Dabei führen viele der heutigen Vatikanbesucher durchaus Frommes im Schilde, jedenfalls im Wortsinn: Die von ihren Reiseleitern hochgehaltenen Schilder weisen sie als Mitglieder von Pilgergruppen aus. Allerdings sind auch Pilger oft nicht mehr, was sie einmal waren. Das alte Wort »Pilger« signalisiert ehrbare Frömmigkeit, aber auch Entbehrungsbereitschaft – Eigenschaften, die ganz offensichtlich nur noch auf einen geringen Teil der Millionen von Menschen zutreffen, die Jahr für Jahr hierherkommen. Es sei denn, man wertet die Ergebenheit, mit der sich die Touristen vor dem Besuch der Vatikanischen Museen oder der Peterskirche in eine Warteschlange einreihen, als Entbehrungsbereitschaft im Sinne christlicher Demut. Dass die Vatikantouristen das auf sich nehmen, hat gewiss weniger mit persönlicher Frömmigkeit zu tun als mit der vor allen Highlights dieser Welt zu beobachtenden Mischung aus Neugier, Herdentrieb und fester Entschlossenheit, nur ja nichts zu verpassen.

Vom täglichen Rummel auf dem Petersplatz und um ihn herum zu reden ist selbst angesichts eines so ehrwürdigen Ortes weder sündhaft noch respektlos – es ist einfach realistisch. Vollends zirkusmäßige Züge nimmt das Ganze ausgerechnet da an, wo es um die zentrale Gestalt geht, um die sich all die anderen touristischen Attraktionen gruppieren: um den Papst, den auch von Nichtkatholiken ohne Weiteres sogenannten Heiligen Vater. Zum Spitzenevent, anders kann man das nicht sagen, wird für Massen von Rombesuchern daher die Teilnahme an den immer mittwochs stattfindenden und jedem (nach unkomplizierter Voranmeldung) zugänglichen Generalaudienzen des Papstes. Wer dafür keine Karte bekommen hat, reiht sich ganz ohne Anmeldung am Sonntagmorgen in den Zug der Zehntausende auf den Petersplatz ein, um dort das Angelusgebet des Papstes zu verfolgen, das dieser meist mit einer kurzen Ansprache vom Fenster seines Arbeitszimmers aus verbindet.

Der Vatikan, sagt man, hat in Wahrheit zwei Grenzen: eine unspürbare (aber durch einen hellen Streifen aus Travertinstein sichtbar markierte) vor dem Petersplatz, und eine unpassierbare: die Vatikanische Mauer. Es gibt natürlich trotzdem ein paar Möglichkeiten, dem Heiligen Vater noch näher zu kommen als bei den Generalaudienzen oder beim Angelusgebet. Selbst die Vatikanischen Mauern haben Lücken, doch zu denen kommen wir später. Vorläufig bleiben wir beim Zirkus.

Zweifellos wäre es höchst ungerecht, sämtliche Papsttouristen über einen Kamm scheren zu wollen. Die angesichts des leibhaftigen (wenn auch faktisch oft nur briefmarkengroß sichtbaren) Heiligen Vaters still vor sich hin betende indische Nonne oder der zu Fuß herbeigepilgerte und nun im Zustand seliger Erschöpfung verharrende Rucksacktourist aus Litauen: Auch solche Leute trifft man auf dem Petersplatz, aber sie werden immer rarer. Zur Regel geworden ist eher das Gegenteil, das – vorsichtig ausgedrückt – unbeschwerte Pilger-Outcoming, häufig verbunden mit lautstark nach Aufmerksamkeit heischenden Hinweisen auf sich selbst beziehungsweise auf die jeweilige Pilgergruppe: »Hallo Be-ne-detto, hier ist Bayern!« Oder Palermo, Boston oder Singapur.

Wobei man die Leute ja versteht: Sie wollen eben nicht nur sehen, sondern auch gesehen oder wenigstens gehört werden, und zwar, wenn es irgendwie geht, vom Papst persönlich – »Wahnsinn, er hat echt zu uns rübergeguckt!« Erst die (tatsächliche oder eingebildete) Reaktion des Oberhaupts der Christenheit vermittelt das Gefühl einer großen Begegnung, von der die beglückten Rombesucher ihren Freunden, Kindern und Kindeskindern oft noch jahrzehntelang zu erzählen pflegen. Muss man das am Ende nicht doch irgendwie als Ausdruck von Frömmigkeit deuten? Wenn ja, dann paart sich die Frömmigkeit auf dem Petersplatz mit einer höchst weltlichen Lust an der Selbstdarstellung. Ständig werden hier Fahnen geschwenkt, Bilder oder selbst gefertigte Transparente hochgehalten und lokaltypische Weisen abgesungen respektive geblasen.

Was übrigens Letzteres, das vatikantouristische Blaskonzert, betrifft: Die gewiss von Herzen kommende, aber in ihren Folgen vielleicht nicht völlig bedachte Sympathie des amtierenden Papstes für die bayerischen Gebirgsschützen und ihre Blaskapellen hat zum permanenten Ansturm sämtlicher Bläservereinigungen des Erdballs auf den Petersplatz geführt. Irgendwann im Mai 2007 saßen wir auf der Caféterrasse der Engelsburg (ein höchst empfehlenswerter Aufenthaltsort übrigens, mit prächtiger Aussicht auf den Vatikan – und der Cappuccino ist nicht einmal teuer). Eben war die Sonne untergegangen, als jähes Posaunengeschmetter, Paukenschläge und dumpfe Marschtritte den Frieden der vatikanischen Abenddämmerung unterbrachen: Unter uns, auf der breiten Via della Conciliazione, hatten sich mehrere Dutzend offenkundig deutschstämmige Blaskapellen gerade Richtung Peterskirche in Bewegung gesetzt.

»Sacco di Roma!«, kommentierte da fachkundig feixend ein am Nebentisch sitzendes amerikanisches Ehepaar, in Anspielung an den berüchtigten Romzug deutscher und spanischer Söldnertruppen im Jahr 1527 und zufällig ebenfalls im Mai. Die Attacke auf den Sitz des Papstes führte in der ganzen Stadt zu Plünderungen und unbeschreiblichen Metzeleien.

Die Peterskirche wurde damals übrigens, nachdem sie gründlich ausgeraubt war, von deutschen Landsknechten zum Pferdestall umfunktioniert. Der Papst konnte mit Mühe in die Engelsburg fliehen, und vielleicht hat er anschließend von deren Terrasse aus – genau wie wir heute – die in Richtung Petersplatz vorstoßenden Massen beobachtet. Oder blickte er dankbar zurück auf den Fluchtkorridor in jener Mauer, die den Vatikan mit der Engelsburg verbindet? In vielen Reiseführern wird dieser Korridor als »Geheimgang« bezeichnet – ein für die Vatikanliteratur typischer Romantizismus, dem wir noch öfter begegnen werden. Der Mythos Vatikan lebt nicht zuletzt davon, dass hier vieles als geheim ausgegeben wird, was in Wahrheit höchst prosaisch vor aller Augen daliegt. So auch jener Fluchtgang, dessen Verlauf bis heute nicht nur von der Terrasse der Engelsburg, sondern auch von den angrenzenden Straßen aus ohne Weiteres zu verfolgen ist.

Ganz so schlimm wie bei jener mittelalterlichen Plünderung ist es übrigens mit den Vatikanmarschierern des Frühjahrs 2007 dann doch nicht gekommen. Weil die bayerischen Gebirgsschützen dieses Mal zu Hause geblieben waren, gab es nicht einmal Waffen zu sehen, aber dafür jede Menge an merkwürdig großen Orden: Es war eine Reihe von Kölner Karnevalsvereinen, die sich da in ihren prächtigen Elferrats- und Prinzengarde-Uniformen gerade zum Papst aufmachten.

Viele altgediente Mitarbeiter des Vatikans nehmen die

bisweilen arg heftigen Formen des Zuspruchs, die dem Papst und seinem Amtssitz zuteilwerden, mit eher gemischten Gefühlen auf. Und als an jenem Maiabend eine der in den Petersdom einmarschierten Blaskapellen dort allen Ernstes den Radetzkymarsch intonierte, hat das anderntags sogar in der römischen Hauptstadtpresse richtig böses Blut gemacht: Dass der österreichische Feldmarschall Johann Graf Radetzky, dem Johann Strauß (der Vater) mit seinem schwungvollen Marsch ein Denkmal setzte, die für die Freiheit und Einheit ihres Landes kämpfenden italienischen Truppen reihenweise niedergemetzelt hatte, hat hier bis heute keiner vergessen.

Jetzt sind wir, dank deutscher Blasmusikexzesse, weit in der Geschichte vorgeprescht, und wollten doch eigentlich, wie es sich gehört, am Anfang beginnen, bei der auf Geheiß des Kaisers Nero aus Stein und Holz erbauten Zirkusarena eben, auf deren Trümmern der erste Vorläuferbau der Peterskirche entstand. Dort, wo der Vatikanische Hügel ins Flachland übergeht, hatte Nero unter anderem gefangene Christen verbrennen oder sie, zum Gaudium des Publikums, von möglichst exotischen wilden Tieren zerreißen lassen. Das alles, wie gesagt, in unmittelbarer Nachbarschaft eines Friedhofs, eben des *ager vaticanus*.

Nun waren die Römer zwar bei ihren Zeitgenossen geradezu berüchtigt für ihren Ordnungswahn; die streng geometrischen Strukturen der meisten wieder ausgegrabenen römischen Kastelle und Militärlager geben bis heute einen Eindruck davon. Anders war es, wo es um die Toten ging (jedenfalls um die nicht prominenten, die man auf öffentlichen Friedhöfen vergrub). Stramme

Ordnung auf Friedhöfen, das haben so richtig erst wir Deutsche kultiviert. Gemessen daran müssen wir uns den *ager vaticanus* als einen eher chaotischen Totenacker vorstellen. Dazu passt, dass der Friedhof selbst dann noch in Benutzung blieb, nachdem Nero dort seinen Zirkus errichtet hatte. Der makabre Aspekt jenes Nebeneinanders scheint den alten Römern weniger bewusst gewesen zu sein als der praktische: Auf diese Weise ließen sich die zahllosen während der Zirkusvorführungen anfallenden Leichen ohne Transportschwierigkeiten entsorgen.

Verscharrt wurde unter solchen Umständen – so besagt es jedenfalls die Gründungsgeschichte des Vatikans und des katholischen Papsttums – auch der Leichnam des Simon Petrus, jenes galiläischen Fischers also, der sich, ums Jahr 60 nach Christi Geburt, nach seinem Glaubensgefährten und ehemaligen Gegenspieler Paulus selbst auf den Weg nach Rom gemacht hatte, um dort die schon gar nicht mehr so kleine christliche Gemeinde zu stärken.

Wohlmeinende Freunde, so die Überlieferung, hatten Petrus dringend von seiner Romreise abgeraten. Grund dafür war eben die Verfolgungsjagd auf die Christen, die sich Kaiser Nero ausgedacht hatte, wohl aus dem gleichen Grund, von dem sich Politiker bis heute gern leiten lassen, wenn sie die Diskriminierung und die Verfolgung von Minderheiten fördern: Man kann damit wunderbar von eigenen Unzulänglichkeiten ablenken – und zugleich die Unzufriedenheit der Untertanen auf bequeme Weise kanalisieren.

Ob Nero in einem Anfall von größenwahnsinniger Pyromanie den großen Brand des Jahres 64, dem beinahe ganz Rom zum Opfer gefallen wäre, tatsächlich selbst legte, ist dabei unerheblich. Entscheidend war: Die Katastrophe ließ sich hervorragend der merkwürdigen Jesussekte in die Schuhe schieben. So wurde sie zum Auslöser nicht nur für die erste Verfolgungswelle in der Geschichte des Christentums, sondern paradoxerweise auch für die Entwicklung Roms von der Hauptstadt eines Weltreichs zum Zentrum einer Weltkirche.

Nicht einfach zu beantworten bleibt jedoch die Frage, wieso es ausgerechnet die Christen getroffen hat. Für die Rolle der diskriminierten Außenseiter standen schließlich noch viele andere Kultgemeinschaften oder Geheimbünde zur Verfügung. Ob ägyptische Isis- oder phönizische Baalsanbeter, ob germanische Verehrer der Götter Wotan und Thor oder Anhänger des kretischen Stierkönigs Minotaurus, ob streng orthodoxe Juden oder Mitglieder des exklusiven griechisch-orientalischen Mithraskults: Sie alle lebten in der Hauptstadt des römischen Weltreichs und konnten dort – und gerade dort – ihren Glauben weithin unbehindert praktizieren.

Was die Religionen seiner Bürger anging, war Rom ein vorbildlich freizügiger Staat. Rom beherrschte und unterdrückte die Welt, schon wahr – aber es beherrschte und unterdrückte sie nach Grundsätzen, deren Rationalität bis heute nicht ihresgleichen gefunden hat. Neue Untertanen hatten sich in die politischen Strukturen des Weltreichs einzufügen, hatten den neuen Herren also vor allem Steuern und Abgaben zu zahlen sowie Kriegsdienste zu leisten, und damit basta. Was die Menschen dabei dachten, welchen Lebensgewohnheiten, welchen Idealen oder auch welchen Glaubensüberzeugungen sie anhingen, blieb ihre Privatsache – kaum jemand störte sich daran.

Ja, mehr noch: Die Römer, ihrem Ursprung nach ein Stamm von eher phantasielosen Bauern mit – eben wegen ihrer Phantasielosigkeit – überdurchschnittlicher militärischer Begabung, importierten die Kultur, die ihnen selbst fehlte, gern aus den von ihnen eroberten Gebieten. Das gilt besonders für alles Religiöse: Noch unter den ersten römischen Kaisern – in der Zeit, von der wir gerade reden – setzte sich Roms offizielle Staatsreligion ohne jede römische Eigenzutat aus Elementen der etruskischen Wahrsagungs- und Weihekulte sowie des griechischen Götterglaubens zusammen, aus Religionen der Gebiete also, die römische Soldaten als Erste erobert hatten und die damit zur Machtbasis für alle späteren Expansionen geworden waren.

Es war wenn schon nicht echte Toleranz (die würde einen eigenen Standpunkt voraussetzen), so doch eine Art liberaler Wurstigkeit, die das religiöse Leben in Rom prägte. Fremde Kulte und Religionen – mit jeder Eroberung kamen ja neue dazu – wurden vom einfachen Volk mal bestaunt, mal bespöttelt, ähnlich wie fremde Moden oder Essgewohnheiten. Und wie diese wurden sie von der snobistischen Oberschicht gern importiert. Schon seit der Zeit der römischen Republik gab es sogar ein offizielles staatliches Verfahren für die »Einbürgerung« fremder Götter, die *invocatio*.

Jupiter hin, Jupiter her – es gehörte für einen römischen Würdenträger oder Millionär in den Jahrzehnten nach Christi Geburt nachgerade zum guten Ton, in die private Villa einen kleinen Isisaltar einbauen zu lassen oder an den spannend-obskuren Riten des Dionysos- oder des Mithraskults teilzunehmen. Übrigens griffen die

Päpste, als sie die entscheidenden Würdenträger geworden waren, diese multikulturellen Traditionen auf ihre Weise auf. Immer wieder werden wir bei unseren Wanderungen durch den Vatikan auf Zeugnisse einer Sammelleidenschaft stoßen, die sich durchaus auf heidnische Kultgegenstände und andere Objekte von oft ominöser Art erstreckte. Auch nach dem Untergang des Kaiserreiches fühlte sich das nun christliche Rom als Welthauptstadt, in der das Exotische, das kulturell Fremde seinen eigenen Platz finden sollte.

Noch wichtiger für das Erscheinungsbild des Vatikans wie für die Struktur der katholischen Kirche ist die Tatsache, dass sich das zur abendländischen Alleinreligion gewordene Christentum auch und gerade jene römische Kultur aneignete, in die es zu Beginn so schwer integrierbar schien. Nach wie vor ist Latein die weltweit gültige Amtssprache der katholischen Kirche (im Vatikan steht sogar ein lateinischer Bankautomat), und nach wie vor tragen nicht nur der Papst und seine Kardinäle, sondern bei offiziellen Anlässen sogar die einfachen katholischen Priester statt Anzügen kleiderartige Gewänder, die auf die römische Tunika und Toga zurückgehen.

Mit ihrer Selbstromanifizierung war die katholische Kirche bis weit in die Neuzeit hinein beschäftigt. Und vieles von dem, was wir im Vatikan zu sehen bekommen, verweist auf diesen Assimilationsprozess, der auch einer der gegenseitigen Durchdringung von individuellem Glauben und staatlicher Ordnung, von religiöser Nächstenliebe und machtpolitischem Kalkül gewesen ist. Was dabei weitgehend verschüttet und deswegen für die Augen des heutigen Vatikanbesuchers fast unsichtbar wurde, ist die erste Phase des Christentums, sind die Gründungsjahre des Vatikans – Zeiten also, in denen von einem christlichen Rom so wenig die Rede sein konnte wie von einem römischen Christentum.

Damit stehen wir wieder vor unserer immer noch nicht beantworteten Frage: Wieso erschien den Römern ausgerechnet das Christentum so unvereinbar mit ihrer sonstigen Großzügigkeit oder auch nur Nachlässigkeit? Was um alles in der Welt stellten die frühen Christen an, dass sich die Wut der Römer so leicht gegen sie wenden ließ? Haben sie wirklich bei ihren Zusammenkünften kleine Kinder geschlachtet, wie die bösartige Fama damals verbreitete? Oder war es – eine scheinbar einleuchtende und daher besonders infame Unterstellung – die Eifersucht der in Rom durchaus geduldeten Juden gegenüber der Abweichlersekte, die die Christen als gefährliche Staatsfeinde erscheinen ließ?

Nichts von alledem lässt sich nur annähernd belegen. Noch 30 Jahre nach dem Tod des Jesus von Nazareth, eben zur Zeit Neros, wussten selbst gebildete Römer Juden und Christen nicht voneinander zu unterscheiden, wie der kurze Hinweis des Tacitus auf die erste römische Christenverfolgung zeigt: »Da die Juden unter ihrem Anführer Chrestos andauernd Unruhe stifteten...« Und der Vorwurf des Kinderschlachtens (vom Mittelalter bis zum modernen Antisemitismus der Nazis wurde er vor allem gegen die Juden erhoben) gehörte offenbar schon damals in die Schmuddelkiste notorischer Minderheitenverfolger. Die frühen Christen praktizierten in Wahrheit überhaupt keine Opfer. Nicht einmal die verbreitete These, die Kommunionfeier während der christlichen

Messe (bei der aus Brotgetreide gebackene Hostien als »Fleisch und Blut« Christi gegessen werden) sei damals böswillig falsch interpretiert worden, ließ sich je konkret beweisen.

Und doch war es wohl kein Zufall, der die Christen zumindest in den Augen des Kaisers und des römischen Establishments als passende Opfer einer Verfolgungskampagne erscheinen ließ. Vieles spricht dafür, dass das Anstößige am Christentum nicht in irgendwelchen erfundenen oder wirklichen Äußerlichkeiten zu finden ist, sondern tatsächlich im Kern des christlichen Glaubens selbst. Neu nämlich an diesem Glauben, so neu, dass er auf die damalige Mitwelt geradezu revolutionär wirken musste, war dessen Beschränkung auf einen einzigen Gott – noch dazu auf einen, der schimpflich am Kreuz zugrunde gegangen war. Damit stellte das Christentum so gut wie alles, was Menschen bis dahin über höhere Wesen geglaubt hatten, radikal auf den Kopf: die alte Vorstellung von unergründlichen Naturgeistern, denen der Mensch auf Gedeih und Verderb ausgeliefert ist, ebenso wie die Ideen von Göttern und Göttinnen als mehr oder weniger allmächtigen Übermenschen, deren Wohlwollen sich immerhin durch allerlei Gefälligkeiten erkaufen ließ.

Sicher hat ein Teil der römischen Oberschicht (man braucht da nur die Schriften von Neros Chefberater Seneca nachzulesen) zu jener Zeit privat nicht mehr wirklich an die Existenz der damals üblichen Götter geglaubt. Doch der entscheidende Akzent lag dabei eben auf dem Wort »privat«. Seneca und andere Bildungsbürger der Antike mochten persönlich nicht mehr an die Götter glauben, doch am römischen Götterkult hielten sie unbeirrt fest. De facto nämlich war der in erster Linie römischer Staatskult, als populärer Ausdruck einer festgefügten Vorstellung von Oben und Unten. Dass sich das öffentliche Leben, dass sich irgendeine Gesellschaft ohne dieses Prinzip gestalten ließe, hielten die Leute damals für eine vollkommen verrückte, ja unzumutbare Idee.

Die frühen Christen indessen sahen das ganz anders. Zeitgenössischen Urteilen zufolge waren es dabei nicht etwa vermutete Umwälzungsabsichten, die für die Ablehnung der christlichen Religion sorgten. Dass Sklaven sich von ihren Ketten befreien wollten, um – wie im Spartakusaufstand – ihrerseits zur Macht zu drängen, fanden Roms Intellektuelle zwar unpraktisch und unangenehm, im Grunde jedoch völlig verständlich: Das Prinzip Macht wurde auf diese Weise ja geradezu bestätigt. Was aber sollte man von Leuten halten, die einfach zu jedem, egal ob Herr oder Sklave, gleich freundlich zu sein versuchten? Die jemanden als Gottessohn verehrten, der als ganz normaler Mensch am Kreuz gestorben war, und das nicht einmal mit einem triumphierenden Lächeln, sondern mit einer verzweifelten letzten Frage auf den Lippen: »Mein Gott, mein Gott, warum hast du mich verlassen?« Das Harmloseste, was römische Zeitgenossen angesichts einer solchen Einstellung empfinden konnten, war Verachtung. Vor allem jene aber, die das Prinzip Macht verinnerlicht hatten, reagierten mit Abwehr und Aggression.

Was 300 Jahre später unter dem letzten gesamtrömischen Kaiser Theodosius I. passieren sollte – die Einführung des Christentums als römische Staatsreligion –, hätte zu Neros Zeiten kein Römer (und wohl auch kein

Christ) für möglich gehalten. Als fromme Märtyrer wurden die Opfer der ersten Christenverfolgung immer verehrt; aber erst der spätere Aufstieg des Christentums, gedeutet als Triumph des bloßen Glaubens und Gottvertrauens über die reale Macht, ließ sie im Rückblick als Helden der ersten Stunde erscheinen.

Spätestens nach diesem Triumph mochten die Christen keinen Zweifel mehr daran aufkommen lassen, dass natürlich auch und gerade jener Apostel, dem Jesus Christus symbolisch die Schlüssel seiner Kirche in die Hände gelegt hatte, zu den frühen Helden der römischen Kirchengeschichte zählte. Allerdings: Dass Petrus in Rom als erster Papst amtiert hat, lässt sich bis heute so wenig beweisen wie dass er überhaupt jemals hier lebte. Es sei denn, man nähme die Existenz des unterhalb der Peterskirche liegenden Petrusgrabs als Beweis. Allerdings ist dessen Echtheit immer noch nicht zweifelsfrei belegt.

Immerhin war Roms christliche Gemeinde sich zu Konstantins Zeiten sicher, das echte Petrusgrab zu kennen. Von dessen Authentizität scheint auch Konstantin überzeugt gewesen zu sein. Hätte er sonst die dem heiligen Petrus geweihte Basilika, die an der Stelle der heutigen Peterskirche stand, genau über jenem »von alters her« verehrten Grab erbaut? Genauer gesagt ließ Konstantin über dem alten Grab ein neues Grabmal errichten, die sogenannte Memoria Petri, die in der Apsis stand, also dem Altarraum der alten Peterskirche. Weil die neue Peterskirche im 16. Jahrhundert über dem Fundament der alten errichtet wurde, liegt die Memoria heute genau unterhalb des Papstaltars in der Confessio, einer Art Unterkirche.

Um das Petrusgrabmal zu sehen, muss man übrigens nicht einmal in dieses Grabgewölbe hintersteigen (obwohl das schon wegen der vielen anderen ebenfalls dort liegenden Papstgräber keine schlechte Idee wäre). Direkt vorm Papstaltar von Sankt Peter erlaubt eine Öffnung im Boden den direkten Blick auf die Memoria, die jahrhundertelang schlicht als »Petrusgrab« bezeichnet und verehrt wurde.

Kommt es wirklich darauf an, ob Petrus hier de facto begraben liegt? Würde nicht auch eine fromme Illusion genügen, um das Andenken an den großen Apostel wachzuhalten? Andererseits, hier geht es schließlich nicht um irgendein historisches Detail, sondern um den Gründungsmythos der Peterskirche und des Vatikans schlechthin. Dies war wohl der Grund dafür, dass Pius XII. um 1940 den Auftrag zur näheren Erforschung eines Hohlraums unterhalb der Memoria gab, auf den man während der Arbeiten für das Grabmal seines Vorgängers gestoßen war.

Tatsächlich wurde dort unten die Gräberstraße einer alten römischen Nekropole (»Totenstadt«) entdeckt. Während in den Seitenwänden dieser Straße, nach römischem Brauch, immer wieder neue Gräber an die Stelle älterer traten, war eine Fläche stets frei geblieben. Innerhalb dieses Feldes, des sogenannten Campo B, befindet sich eine Ädikula, ein kleines Grabgebäude, bestehend aus zwei übereinanderliegenden, von einem roten Mäuerchen eingefasste und durch eine Marmorplatte getrennte Wandnischen. Ein zu großen Teilen verwitterter Graffito in der Nähe dieser Nischen enthält die aufeinanderfolgenden griechischen Buchstaben Π (P) und E. Aus alledem und zudem aus der Tatsache, dass jenes Wandstück genau unter dem Papstaltar und der Memoria Petri liegt, schlossen die vom Vatikan beauftragten Archäologen, dass sich an dieser Stelle das eigentliche Grab des heiligen Petrus befunden habe. *Habe* wohlgemerkt; denn, kleiner Schönheitsfehler, jenes Grabhäuschen ist wie die rote Mauer dahinter nachweislich erst im zweiten Jahrhundert entstanden.

So nahe dran und doch noch nicht am Ziel, dem echten Grab des realen Petrus. Die Archäologen gaben nicht auf. Es gelang ihnen, anhand von Knochenfunden unweit der roten Mauer und von Spuren älterer Grabaufschüttungen immerhin der Indizienbeweis dafür, dass jenes Grabhäuschen nicht für einen soeben Gestorbenen bestimmt war, sondern offenbar zur Aufnahme von Gebeinen aus einem in unmittelbarer Nachbarschaft liegenden, jedoch nicht mehr erhaltenen älteren Grab. Dem endgültig echten Petrusgrab?

Die gefundenen Knochen stammten, wie sich nach langen Untersuchungen herausstellte, von drei verschiedenen Personen, darunter einer Frau. Wie aber sollte man bestimmen, ob einige der männlichen Knochen tatsächlich einst dem heiligen Petrus gehört hatten? Dafür bräuchte man zweifelsfrei identifizierbares genetisches Material aus einer anderen Quelle – von der nach Lage der Dinge weit und breit keine Rede sein kann. Mit anderen Worten: Spätestens hier ist und bleibt die Wissenschaft am Ende.

Dass die Nekropole unter der Peterskirche nicht allgemein zugänglich ist, bedeutet allerdings nicht, dass der Vatikan da irgendetwas vor den Augen der Öffentlichkeit verbergen möchte. Man hat vielmehr Angst vor Souvenirjägern, die dort unten kleine Mauerpartikel an sich nehmen könnten. Besichtigen kann man die Nekropole gleichwohl, wenn auch nur nach schriftlicher Voranmeldung, am besten per Fax beim Ufficio Scavi (»Höhlenbüro«) unter der Nummer ++39 06 69 87 30 17. Man sollte das lange vor einem Rombesuch erledigen; denn es kann einige Wochen dauern, bis man einen Termin für eine geführte Tour bekommt. Und Petrusgrab hin oder her: Der Ausflug in die vatikanische Unterwelt lohnt sich in jedem Fall, auch wegen der vielen anderen Gräber und vor allem wegen der Atmosphäre der Nekropole: Hier weht einen tatsächlich der Hauch von Jahrtausenden an.

Die letzte Mitte der Welt

Der Petersplatz ist auch das Ergebnis von Improvisation und architektonischen Täuschungsmanövern

Ja, schon klar: Die Welt hat gar keine wirkliche Mitte – und hatte niemals eine. Immerhin, es gab einmal eine Zeitspanne, ziemlich genau 1000 Jahre, in der zumindest die Alte Welt auf Rom als ihren unbestrittenen Mittelpunkt konzentriert war. »Urbs et orbis«, so hieß damals die Formel dafür: die Stadt Rom und der um sie herum angeordnete Erdkreis. Diese Formel hat die katholische Kirche wie so vieles aus der römischen Tradition übernommen. Und merkwürdig: Wenn das Oberhaupt der Kirche an Ostern und an Weihnachten auf die große Loggia über dem Petersplatz tritt, um Gottes Segen über die Stadt und die Welt – »urbi et orbi« – herabzurufen, dann entsteht bei Abermillionen von (keineswegs nur katholischen) Fernsehzuschauern immer noch leicht der Eindruck, der Papst stehe in diesem Moment tatsächlich in der Mitte der Welt.

Nur ein Gefühl, gewiss. Doch noch vor wenigen Jahren, während der Totenmesse für Papst Johannes Paul II. und der kurz darauf gefeierten Amtseinführung seines Nachfolgers Benedikt XVI., schien dieses Gefühl eine höchst reale Grundlage zu erhalten. Nie zuvor in der Geschichte, nicht einmal bei einer UNO-Vollversammlung, waren so viele Staatsoberhäupter und Staatenlenker, so viele Monarchen, Scheichs, Prinzessinnen und Prinzen, so viele Repräsentanten der großen Weltreligionen auf einem Platz zusammengekommen. Und vor allem (wenn's um die Mitte der Welt geht, sind ja keineswegs nur die Großkopferten wichtig): Nie zuvor fanden sich so viele Prominente gemeinsam mit so vielen Normalsterblichen – es waren weit mehr als 100 000 – aus gleichem Anlass und am gleichen Ort zusammen.

Der Aufwand, mit dem die internationalen Medien, aus welchen Gründen auch immer, diese Ereignisse verfolgten, rückte dabei auch den Ort der Handlung in den Fokus der Aufmerksamkeit – eben den Petersplatz. Doch das Gefühl vieler Besucher, hier tatsächlich in der Mitte der Welt zu stehen, konnten die Medien allenfalls verstärken; erzeugt haben sie es nicht. Wer aber dann? Der katholische Glaube? Die Einzigartigkeit des Papsttums?

Manch frommer Katholik und mancher Kurienkardinal, das ist wahr, würden den Petersplatz oder zumindest den Vatikan als Sitz des Papstes noch heute gern zum wirklichen Mittelpunkt der Welt erklären. Genauso wahr ist aber auch, dass die meisten Vatikanbesucher nicht oder nur sehr vage an die katholische Lehre glauben. Für sie ist der weltweite Wahrheitsanspruch der Papstkirche vielleicht eine aberwitzige Anmaßung, vielleicht eine schöne Utopie, in jedem Fall aber ein ziemlich großer Anspruch.

Eben von diesem Anspruch lebt die Wirkung des Petersplatzes. Um von einer großen Idee beeindruckt zu sein, muss man sie ja nicht für wahr halten; man muss sie nur nachempfinden können. Dass das hier gelingt, hat deshalb weniger etwas mit dem Universalitätsanspruch der Päpste zu tun als mit denen, die diesen Anspruch in Architektur übersetzt haben: mit den Erbauern der Peterskirche und vor allem mit Gian Lorenzo Bernini, dem Schöpfer des Petersplatzes.

Doch was auf den Betrachter so formvollendet wirkt, als sei es für die Ewigkeit gemacht, verdankt seine jetzige Gestalt keineswegs exakter Planung. Der Petersplatz von heute ist auch das Resultat von Improvisation und von architektonischen Täuschungsmanövern. Oder, fromm ausgedrückt: Der Mensch denkt, Gott lenkt – wieso sollte das ausgerechnet im Vatikan anders sein? Zumal wenn statt eines einzigen gleich eine ganze Reihe von Menschen denkt, nicht nur mit- und nacheinander, sondern oft genug durch- und gegeneinander. Von der Grundsteinlegung der neuen Peterskirche durch Julius II. im Jahr 1506 bis zur Fertigstellung des Petersplatzes 1667 regierten nicht weniger als 22 Päpste; mindestens sechs von ihnen haben als höchst aktive Bauherren immer wieder in das Projekt eingegriffen.

Dass an einem derart großen Vorhaben die jeweils bedeutendsten (oder zumindest prominentesten) Künstler ihrer Zeit mitwirkten, galt für sie selbst wie für ihre päpstlichen Auftraggeber als Ehrensache. Und weil Maler, Bildhauer und Architekten damals erheblich länger zu wirken als die Päpste zu regieren pflegten, sorgten vor allem Künstler wie Bramante, Raffael und Michelangelo als Bauleiter des Petersdoms wenigstens halbwegs für Kontinuität. Ausschlaggebend für die Entwürfe wie für die Probleme aller Beteiligten war dabei, dass man zunächst, um das Jahr 1500, lediglich vorhatte, die mittlerweile 1200 Jahre alte konstantinische Petersbasilika zu erweitern. Aus der Erweiterung wurde ein Umbau, aus dem Umbau ein Neubau. In der Praxis führte das dazu, dass man die neue Kirche Stück für Stück in die alte hineinbaute.

Gedacht wurde der Bau von der Kuppel her. Doch nicht nur über deren Form gingen die Meinungen stark auseinander, sondern auch über den Grundriss der neuen Peterskirche: Bramante hatte ursprünglich einen Zentralbau in Form eines griechischen, das heißt gleicharmigen Kreuzes geplant; seine Nachfolger Raffael und Antonio da Sangallo favorisierten das lateinische Kreuz, also die Form einer klassischen Kathedrale mit einem ausgeprägten Längsschiff; Michelangelo griff wieder Bramantes Idee auf – und so, als Zentralbau, wurde die Kirche zunächst auch errichtet und 1590 eingeweiht. Die von Michelangelo, der bereits 1564 gestorben war, als exakte Halbkugel entworfene Kuppel haben seine Nachfolger um ein paar Meter erhöht. Ihren Zeitgenossen galt sie als Wunder, und bis heute ist sie der größte freitragende Ziegelbau der Welt.

Damit wäre der neue Petersdom eigentlich fertig gewesen. Doch, wie gesagt: Der Mensch denkt, und Gott lenkt. Und wenn nicht Gott, dann eben sein Stellvertreter auf Erden. Der über zwei Jahrhunderte gewachsene

Neubau stand gerade mal 16 Jahre, als er Papst Paul V. nicht mehr gefiel. Ihm, und mit ihm dem Zeitgeist, stand der Sinn wieder nach einem Längsschiff. Dabei berief er sich auf die Liturgiereform des Konzils von Trient, derzufolge der Altar nicht in der Mitte der Gläubigen, sondern vorn stehen sollte. Dass jener Konzilsbeschluss bereits ein halbes Jahrhundert zurücklag, störte einen großen Geist wie Paul V. nicht weiter: durch Carlo Maderno, den nun wirklich letzten in der Reihe der Architekten des Petersdoms, ließ er das Hauptschiff in Richtung Petersplatz verlängern und mit einer Vorhalle versehen.

Von Maderno stammt auch die heutige Fassade, bei deren Konstruktion er vor einem nicht lösbaren Dilemma stand: Einerseits musste diese Schauseite der größten Kirche der Christenheit so imposant wie möglich ausfallen, andererseits sollte die sich weit hinter ihr erhebende Kuppel sichtbar bleiben. Madernos Kompromiss: Er betonte die vertikale Gliederung der Fassade durch eingezogene Säulen, die so wesentlich höher wirkt, als sie in Wahrheit ist.

Dennoch ließ sich nicht verhindern, dass die Fassade den Blick vom Petersplatz auf die Kuppel zu einem großen Teil verdeckt. Wenn uns das heute kaum auffällt, ist das peinlicherweise Mussolinis Verdienst: Der italienische Diktator war es, der nach seiner Einigung mit dem Kirchenoberhaupt und der Gründung des Vatikanstaats jene breite Schneise ins römische Stadtquartier jenseits des Tibers schlagen ließ, die heute als Via della Conciliazione (»Straße der Versöhnung«) in schnurgerader Linie von der Engelsburg zum Petersplatz führt. Diesen Weg nicht zu Fuß zurückzulegen wäre unverzeihliche Faulheit, zumal man dabei die in faschistischem Monumentalstil gehaltenen Fassaden links und rechts der Via della Conciliazione kaum wahrnimmt. Stattdessen hält die am Ende der Straße aufragende Peterskuppel den Blick so lange gefangen, dass wir sie selbst dann noch zu sehen meinen, wenn sie hinter der Kirchenfassade »untergegangen« ist.

Gelungene Architektur ist ja nicht zuletzt eine Frage der Suggestion. Dieses Prinzip machte sich Gian Lorenzo Bernini zunutze, als er nach der endgültigen Fertigstellung von St. Peter 1656 daranging, den Petersplatz neu zu gestalten. Statt auf den (damals mangels einer Zufahrtsstraße nicht möglichen) Kuppelgedächtniseffekt setzte Bernini dabei ursprünglich auf das Gegenteil: Er wollte den Petersplatz rundum mit einer dreifachen Säulenarkade einschließen und damit die weltumspannende Rolle der Kirche symbolisieren. Dass man den Platz dann erst in dem Moment sehen würde, in dem man ihn betrat, kalkulierte Bernini als Überraschungscoup ein. Auf diesen Effekt musste er allerdings verzichten, als 1667 sein großzügiger Geldgeber Alexander VII. starb. Immerhin standen da bereits die beiden seitlichen Kolonnaden, die dem Rom zugewandten unteren Teil des Petersplatzes sein einmaliges Gepräge geben.

Der höher gelegene obere Teil, der unmittelbare Vorplatz der Kirche, heißt offiziell Piazza Retta (»rechteckiger Platz«). Diesen Namen trägt er, streng genommen, zu Unrecht; denn in Wirklichkeit hat er die Form eines Trapezes. Die Eckpunkte, von denen aus die beiden geraden Säulengänge links und rechts der Piazza Retta von den Kolonnaden auf die Peterskirche zulaufen, sind einander näher als die beiden Endpunkte bei der Kirche. Der Blick des Betrachters nimmt diesen Unterschied allerdings nicht wahr, sodass die Kirchenfassade vom unteren Petersplatz aus betrachtet zugleich schmäler und weiter entfernt zu sein scheint, als sie es in Wirklichkeit ist.

Auf optische Täuschungen zielt auch die Konstruktion der Kolonnaden selbst. Sowohl deren relativ niedrige Höhe wie die Tatsache, dass der Platz leicht gegen die Kirche hin ansteigt, lassen die Fassade scheinbar ein Stück weiter nach oben wachsen. Ein weiteres kunstvolles Verwirrspiel trieb Bernini mit den geometrischen Formen des unteren Platzes: Obwohl der eine Ellipse darstellt, sind die ihn seitlich umschließenden Kolonnaden halbkreisförmig angeordnet. Und weil unser Auge mächtig aufragende Säulengänge sehr viel leichter wahrnimmt als Bodenflächen, fallen wir darauf herein: Wir übertragen die gewaltige Breitenausdehnung des Petersplatzes unwillkürlich auf dessen Tiefe und halten ihn so für noch größer, als er ohnehin ist; zuweilen drängen sich hier bis zu 200 000 Menschen.

Einen Teil dieses optischen Effekts, nämlich die exakte Halbkreisform der Kolonnaden, nachzuprüfen, zählt zu den beliebtesten Touristenvergnügen. Angewandte Geometrie: eine Ellipse hat zwei Brennpunkte, die jeweils das Zentrum eines gedachten Kreises bilden. Auf dem Petersplatz sind die Ellipsenbrennpunkte hell markiert; man findet sie zwischen dem Obelisken in der Mitte des Platzes und den ihn flankierenden Brunnen. Und tatsächlich, von diesen Punkten aus wirken die vier hintereinander angeordneten Säulenreihen wie eine einzige. Wichtig dabei ist es allerdings, in die richtige Richtung, nämlich auf den jeweils näher liegenden Kolonnadenhalbkreis zu blicken.

Ganz zwecklos, obwohl das täglich Hunderte von Besuchern probieren, wäre es, nach dem Punkt zu suchen, von dem aus sich *beide Kolonnadenhälften gleichzeitig* zum einreihigen Säulenkreis zu schließen scheinen: Die Gesetze der Geometrie konnte selbst ein Bernini nicht aufheben.

Kunstgeschichte, ja Geschichte überhaupt, wird so zur nachvollziehbaren Gegenwart. Wäre es anders, würden wir uns – das muss einmal gesagt sein – gar nicht trauen, immer wieder historische Exkursionen in unsere Spaziergänge durch den Vatikan einzubauen. Auf unnötige Umwege führen einen solche Rückblenden dabei so gut wie nie: Mehr als irgendwo sonst trifft hier im Vatikan zu, dass sich das Gestern nicht ohne das Heute begreifen lässt.

Das gilt nicht nur für religionsgeschichtliche, sondern oft auch für ganz banale irdische Zusammenhänge. Dass beispielsweise am Sonntag vor Ostern eine große Palmprozession über den Petersplatz führt und der deswegen mit Zehntausenden von Palm- und Olivenzweigen besonders schön herausgeputzt wird, hat einen durchaus frommen Grund: Auf diese Weise erinnert die Kirche daran, dass Jesus kurz vor seiner Hinrichtung feierlich in Jerusalem eingezogen war.

Nicht aus der Bibel erklären lässt sich dagegen, wieso jene Palmzweige seit Menschengedenken aus den fernen Rivierastädten Bordighera und San Remo an den Vatikan geliefert werden. Das hat merkwürdigerweise etwas mit dem aus Ägypten stammenden Obelisken in der Mitte des Platzes zu tun, der einst links von der Kirche stand – nicht weil ihn irgendein Papst dort aufgestellt hatte, sondern weil er dort aus Roms heidnischer Zeit übrig geblieben war: Er markierte die Mitte des Zirkusfeldes, auf dem die alte Peterskirche erbaut worden war. Kurz bevor dann deren Neubau vollendet wurde, kam Papst Sixtus V. auf den Einfall, den aus einem Stück gefertigten Obelisken (für seinen Transport übers Mittelmeer hatten sich die Römer einer Konstruktion aus mehreren miteinander verbundenen Galeeren bedient) auf dem Platz vor der Kirche aufzustellen.

Das war freilich leichter ausgedacht als getan. Der mit der Umsetzung des Kolosses beauftragte Baumeister Domenico Fontana stellte 900 Arbeiter, ein paar Dutzend Pferde, 35 Seilwinden sowie mehrere riesige Holzgerüste bereit – und eine private Kutsche, die ihn sofort aus der Reichweite des gefürchtet strengen Papstes bringen sollte, falls das Unternehmen scheitern und der Obelisk womöglich zerbrechen würde.

Der Beitrag Sixtus' V. zu dem Unternehmen war standesgemäß geistlicher Natur: Weil Arbeiter mühsame Aufgaben auch damals gern unter gotteslästerlichen Flüchen vollführten, ordnete der Papst unter Androhung schwerster Strafen bedingungsloses Stillschweigen während der gesamten Unternehmung an. Im entscheidenden Augenblick, der Obelisk stand an seinem neuen Platz schon beinah aufrecht, drohten die strapazierten Seile plötzlich nachzugeben; offenbar hatte man ihr Dehnungspotenzial unterschätzt. Nichts schien die Katastrophe aufhalten zu können, der Obelisk neigte sich bereits wieder zur Seite, als ein lauter Ruf das drückende Schweigen durchschnitt: »Aiga ae corde!« Das war ligurischer Dialekt, der Rufer war ein Seemann von der Rivieraküste, aber die Römer konnten ihn leicht übersetzen: Acqua alle corde, Wasser auf die Seile!

Kapitän Bresca (so hieß der Mann) wusste, wie schnell sich nasse Seile zusammenziehen, und hatte, Schweigegebot hin oder her, den Mut, seinen alles rettenden Vorschlag laut über den Platz zu rufen. Der Papst sah nicht nur gnädig über den Verstoß gegen die Schweigepflicht hinweg, er gewährte Bresca auch eine irdische Gunst – bei der dann doch wieder die Ewigkeit im Spiel war: Bresca und seine Angehörigen in Ligurien sollten auf alle Zeiten das exklusive Recht haben, die am Palmsonntag benötigten Zweige in den Vatikan zu liefern. Manchmal hat es eben doch einen Vorteil, dass am Wort eines Papstes nicht zu rütteln ist: Das Palmenprivileg hat sich über all die Jahrhunderte bis heute erhalten.

Einen bemerkenswerten Kontrast zum architektonisch geschlossenen und ganz auf die Kirchenfassade ausgerichteten Petersplatz bildet das Gebäudeensemble zu seiner Rechten. Wobei das Wort »Ensemble« in diesem Zusammenhang einigermaßen geschmeichelt ist; in Wahrheit erhebt sich da ein nach keinem erkennbaren Prinzip angeordnetes Durch- und Ineinander verschiedener Bauten.

Obwohl deren Äußeres merkwürdig nüchtern und alles andere als repräsentativ wirkt, firmieren sie allesamt als »Paläste«. An ihnen haben mehr als 50 Päpste, von Nikolaus III. im 13. bis zu Pius IX. im 19. Jahrhundert gebaut, umgebaut und angebaut, um dem stetig anwachsenden Raumbedarf des Vatikans einigermaßen nachzukommen. Das Resultat: Die einzelnen Gebäude und Gebäudeteile, die so entstanden, lassen sich zumindest von außen gesehen nicht mehr klar voneinander trennen und identifizieren.

Insgesamt bildet der gelegentlich schlicht unter dem Namen »Papstpalast« zusammengefasste Komplex die größte Palastanlage der Welt. Statt vieler Details aus dessen Baugeschichte hier nur ein paar optische Anhaltspunkte. Vom Petersplatz aus gesehen markiert das (im Übrigen recht unspektakuläre) Firstdach der Sixtinischen Kapelle ganz hinten rechts, neben der Peterskirche, den östlichsten Punkt des ältesten Palastteils. Daran anschließend blickt man über die vorderen Kolonnaden des Petersplatzes hinweg in den offenen rechten Winkel der dreigeschossigen Loggien des Apostolischen Palastes; hier sind das päpstliche Staatssekretariat und andere hohe Kurienbehörden untergebracht. Ganz rechts, immer noch vom Petersplatz aus gesehen, ragt dann der 1605 fertiggestellte »neue Palast« an, in dem sich heute die Bibliothek und – im rechten Teil des obersten Stockwerks – die Wohnung des Heiligen Vaters befinden.

Im zweiten Fenster von rechts zeigt sich der Papst, sofern er sich in Rom aufhält, jeden Sonntag um 12 Uhr mittags, um das Angelusgebet zu sprechen und den auf dem Petersplatz Anwesenden seinen Segen zu erteilen. Weil dort jeder ohne weitere Formalitäten hinkommen kann, ist das die einfachste Gelegenheit, den Papst leibhaftig zu sehen.

Näher und für längere Zeit zu Gesicht bekommt man ihn während der großen Generalaudienzen. Sie finden jeden Mittwoch statt, oft in der links der Peterskirche gelegenen Audienzhalle, die Pier Luigi Nervi (er war auch der Architekt des römischen Hauptbahnhofs Termini) 1971 eigens zu diesem Zweck gebaut hat. Die Halle fasst mehr als 10 000 Menschen; wenn der Besucherandrang diese Zahl übersteigt (was in den letzten Jahren fast regelmäßig der Fall ist) und das Wetter einigermaßen mitspielt, wird die Mittwochsaudienz auf den Petersplatz verlegt.

Der Zugang zu den Generalaudienzen ist relativ leicht zu erlangen: Die kostenlosen Eintrittskarten bekommt man, wenn auch in der Regel erst nach mindestens vierwöchiger Voranmeldung (Formulare gibt's im Internet – www.pilgerzentrum.de), beim Deutschen Pilgerzentrum in der Via della Conciliazione 51 links vor dem Petersplatz. Man kann sie aber auch direkt bei der auf dem Platz, an der vorderen rechten Ecke der Kolonnaden gelegenen Prefettura della Casa Pontificia (Präfektur des Päpstlichen Hauses) bestellen beziehungsweise abholen – und dabei sogar einen Blick ins Vatikaninnere riskieren: Das Kartenbüro der Präfektur (das man den Wachhabenden der Schweizergarde als Ziel angeben muss) liegt direkt hinter dem Bronzetor, dem offiziellen Zugang zum Apostolischen Palast. Die breite Treppe, die von hier aus zum Damasushof ansteigt, wo es dann weiter hinauf in die Gemächer des Papstes ginge, verwechseln manche Besucher des Präfekturbüros gern mit ihrer sehr viel berühmteren Schwester, der von Bernini entworfenen Scala Regia (Königstreppe). Doch die setzt am anderen, dem Bronzetor entgegengesetzten Ende des Säulengangs an; von dort aus führt sie hinauf in den barockprächtigen Repräsentationsraum der Sala Regia.

Von der Sala Regia aus wiederum ginge es entweder geradeaus weiter in die Sixtinische Kapelle oder nach links ins Innere der Peterskirchengewölbe – alles Wege, die uns gewöhnlichen Vatikanbesuchern normalerweise leider verschlossen bleiben. Allerdings – Achtung,

Geheimtipp! – gibt es von dieser Regel eine Ausnahme, sogar eine ziemlich grandiose: Wenn der Papst im Petersdom neue Kardinäle ernennt, richtet der Vatikan anschließend in den Räumen des Apostolischen Palastes eine Gratulationscour der Frischernannten aus. Um sich in die Gratulantenschar einzureihen, muss man nicht unbedingt verwandt oder eng befreundet mit einem neuen Kardinal sein; im Zweifelsfall genügt das Herzensbedürfnis, ihm persönlich Glück für sein weiteres Wirken zu wünschen.

Praktisch gesehen läuft das auf eine Art Tag der offenen Türen im Vatikan hinaus: ein Albtraum für die Päpstliche Gendarmerie und die Schweizergarde, aber für Normalsterbliche eine hervorragende Chance, einmal ins Innerste des Vatikans vorzudringen. Je mehr Kardinäle ernannt werden, desto mehr Räume – von der Sala Clementina im zweiten Stock des Papstpalastes bis zur Sixtinischen Kapelle und der Sala Regia – werden den Gratulanten dann zur Verfügung gestellt.

Um also den Vatikan besonders gründlich kennenzulernen, sollte man möglichst zum Zeitpunkt einer solchen kollektiven Kardinalsernennung eine Romreise planen. Sehr oft kommt diese Gelegenheit nicht; doch immerhin sorgt das recht hohe Durchschnittsalter des Kardinalskollegiums dafür, dass der Papst es im Abstand von einigen Jahren durch ein Konsistorium (so heißt die Ernennungszeremonie) auffüllen muss. Und in der Regel ist dann ein deutscher oder österreichischer Kardinal dabei, dem man anschließend im Vatikan gratulieren kann.

Eine weitere Möglichkeit, zumindest in die Sala Clementina oder in die päpstliche Privatbibliothek vorgelassen zu werden, bieten die Gruppenaudienzen, für die man sich bei der Präfektur des Päpstlichen Hauses anmelden muss. Normale Pilgergruppen haben dabei allerdings keine Chancen; es sollte sich schon um Teilnehmer eines in Rom stattfindenden Kongresses oder um Delegierte einer kirchlichen, wissenschaftlichen oder gesellschaftspolitischen Organisation handeln. Da freilich reicht die Bandbreite weit: Wer ein wenig Phantasie investiert und seine privaten oder beruflichen Verbindungen kreativ zu nutzen versteht, findet oft eine Möglichkeit, sich einer solchen Audienzgruppe anzuschließen. Mehr als gut 100 Teilnehmer sollte die allerdings nicht haben, sonst läuft sie Gefahr, zur Begegnung mit dem Heiligen Vater in die große Audienzhalle gebeten zu werden.

Echte Privataudienzen dagegen bleiben in der Regel für herausragende Politiker, Persönlichkeiten des öffentlichen Lebens und hohe kirchliche Würdenträger reserviert. Auch mit deren Nachfragen haben der Papst und seine Terminplaner schon ihre liebe Not. Irdischer Ruhm hilft dabei deutlich weiter als frommer Lebenswandel. Einziger Trost für unsereinen: Mit Geld allein ist hier nichts auszurichten; Papstaudienzen kann man nicht kaufen.

Wer als gewöhnlicher Christen- oder sogar (das gibt es!) Heidenmensch den Wunsch verspürt, den persönlichen Segen des Heiligen Vaters mit nach Hause zu tragen, kann sich an die päpstliche Elemosineria wenden, die in den Arkaden links vor der Peterskirche eine Filiale unterhält und dort gerahmte päpstliche Privatsegen verkauft, mit dem sorgfältig kalligrafierten Namen des Segensempfängers – je nach Größe und Ausführung zu zehn bis 35 Euro per Exemplar. Das Ganze ist, hart gesagt, durchaus eine Art Schwindel, aber immerhin ein frommer: Elemosineria heißt zu Deutsch »Almosnerei«; und deren Leiter, derzeit der spanische Erzbischof Félix del Blanco Prieto, verteilt den Erlös aus dem Segensgeschäft ohne jeden Abzug direkt an Bedürftige aus aller Welt, die sich aus diesem Grund bei ihm gemeldet haben – manche, weil sie ihn, so erzählt der Erzbischof, noch gut aus seiner Zeit als päpstlicher Gesandter in den ärmsten Gebieten Afrikas kennen.

Ebenfalls an der rechten Seite des Petersplatzes findet man eine Filiale der vatikanischen Post, eine Erste-Hilfe-Station, die auch in deutscher Vatikan- und Papstliteratur hervorragend sortierte vatikanische Buchhandlung und, last not least, die mit Abstand am besten gepflegten öffentlichen Toiletten Roms.

Wonach der Besucher des Petersplatzes allerdings vergeblich Ausschau hält, ist das, was auf allen anderen großen Plätzen der Welt zur Selbstverständlichkeit gehört: ein Café oder wenigstens eine Bar. Wäre so etwas zu profan für den Vatikan? Viele gedruckte Reiseführer scheinen das anzunehmen – und beten daher einander brav die Behauptung nach, im ganzen Kirchenstaat gebe es keine einzige Bar. Wahr ist nur, dass es unmittelbar auf dem Petersplatz keine gibt; und der Verzicht auf die Möblierung des Platzes mit Cafétischen hat keinerlei religiöse, sondern allein ästhetische und praktische Gründe. Zum einen kommt die architektonische Wirkung des Platzes so besser zur Geltung, und zum anderen müsste so ein Café jedes Mal schließen, wenn der Platz für große Audienzen oder religiöse Zusammenkünfte genutzt wird; und das ist mindestens zweimal pro Woche der Fall.

Dass sich Barkultur und Kirche in den Augen des Vatikans durchaus miteinander vereinbaren lassen, wurde nicht nur während des letzten Konzils sichtbar. Damals gab es fast drei Jahre lang im linken Seitenschiff des Petersdoms eine veritable Bar. Und obwohl einem das fast unvorstellbar erscheint: Dort – in der Kirche! – durften die Konzilsteilnehmer sogar rauchen. Diese Zeiten sind zwar vorbei, aber noch immer beherbergt Sankt Peter eine Bar, sogar eine, zu der jeder Zutritt hat. Vorausgesetzt, er findet sie. Oder liest einfach das nächste Kapitel.

Dem Himmel nah

Wer die Peterskirche besucht, sollte sich viel Zeit nehmen. Und wer ihr aufs Dach steigen will, braucht obendrein eine gute Kondition

Seit ein paar Jahren muss, wer in die Peterskirche will, zunächst die unter den rechten Arkaden installierte Sicherheitsschleuse passieren. Davor bilden sich nicht selten lange Schlangen; doch es geht zügig voran, obwohl die Scanner jeden Besucher und seine Taschen sorgfältig abtasten. Wir leben halt in unsicheren Zeiten, weswegen der Petersplatz neuerdings nachts sogar abgesperrt wird. Wer dem Trubel entgehen will, kommt am besten schon frühmorgens hierher. Der Petersdom wird um sieben Uhr geöffnet. Die wenigen Besucher und Besuchergruppen, die sich um diese Zeit hier einfinden, wollen in der Regel an einer der Messen teilnehmen, die an den vielen Seitenaltären der Kirche von Gläubigen und Priestern aus aller Herren Ländern gefeiert werden.

Zu dieser frühen Stunde, und im Grunde nur dann, lernt man den Petersdom so kennen, wie er eigentlich gedacht ist: als Gebets- und Andachtsraum für die katholische Weltkirche. Theoretisch sollte das ja auch während der großen Papstmessen an hohen Kirchenfeiertagen so sein. Doch da drängt sich, schon wegen der Fernsehübertragungen und des permanenten Blitzlichtgewitters aus Zehntausenden von Digitalkameras, der Eventcharakter stark in den Vordergrund. All das bleibt einem an gewöhnlichen Werktagen zwischen sieben und acht Uhr morgens erspart; jetzt bestimmt hier tatsächlich der Geist der Frömmigkeit die Atmosphäre. Und die sollte man sich – egal, für wie fromm man sich selbst hält – auf keinen Fall entgehen lassen. Zumal da selbst Nichtgläubigen der irdische Lohn für den Kirchenbesuch im Morgengrauen auf der Stelle zuteil wird: Bei dieser Gelegenheit lässt sich der Petersdom in Ruhe erleben.

Wirklich in Ruhe – während gleichzeitig ein gutes Dutzend Messen gefeiert werden, von Gebeten und Gesängen in den verschiedensten Sprachen begleitet? Keine Sorge, die Kapellenmauern und -gewölbe der Seitenschiffe schlucken einen Großteil dieser Klänge. Zurück bleibt lediglich eine Art kollektiver Andachtston im Hintergrund, der die meditative Stimmung des frühen Kirchenbesuchs eher noch verstärkt. So wird zu dieser Zeit die Größe der Peterskirche auch akustisch erfahrbar.

Apropos Größe: In den Fußboden des Hauptschiffs sind an verschiedenen Stellen Markierungen eingelassen, die die Ausmaße dieses ungeheuren Raumes im Vergleich zu anderen Gebäuden wie Notre-Dame in Paris oder der St. Paul's Cathedral in London deutlich zu machen versuchen. Wir sagen »versuchen«, weil unsere

Sinne trotz solcher Nachhilfen schlicht nicht imstande sind, die tatsächlichen Dimensionen dieses Riesenraumes zu erfassen. Dass es kein einziger Palast in Rom mit Berninis über dem Papstaltar errichtetem Bronzebaldachin an Höhe aufnehmen kann, bleibt hier eine rein intellektuelle Information, die unsere Augen nicht wirklich wahrnehmen. Deswegen sind viele auch leicht enttäuscht, wenn sie die größte Kirche der Christenheit betreten. Sie hätten sie sich *noch* größer vorgestellt.

Dieser erste Eindruck ändert sich allerdings, sobald man herumzuwandern beginnt. Wobei, um es noch einmal zu sagen, von ruhigem Herumwandern zumindest während der späteren Vormittags- und Nachmittagsstunden, also zwischen 9:30 und 13 Uhr und zwischen 14:30 und 17 Uhr, nicht die Rede sein kann. Dann wird man hier im Strom der Massen eher durchgeschoben und mitgezogen, und zwar entgegen dem Uhrzeigersinn. Das liegt daran, dass sich die beiden populärsten Attraktionen im Inneren der Peterskirche auf deren rechter Seite befinden: die hinreißende, nach einem 1972 auf sie verübten Attentat renovierte und seither leider nur hinter Glas zu sehende Pietà des Michelangelo, die man gleich in der ersten rechten Seitenkapelle findet, und – das absolute Highlight für die meisten Touristen – die vermutlich von Arnolfo di Cambio angefertigte Bronzestatue des heiligen Petrus, direkt am mächtigen Longinuspfeiler vorn rechts unter der Kuppel. Dass das katholische Christentum auch im 21. Jahrhundert nicht frei von magischen Elementen ist, wird hier offenkundig: Weil es als Segen bringend gilt, den Fuß dieser Petrusstatue zu berühren, hat der Handschweiß von Millionen frommen Pilgern diesen einst filigran gestalteten Fuß im Lauf der Jahrhunderte zu einem glatt polierten Klumpen verformt.

Wer es nur auf diese Attraktionen abgesehen hat, fühlt sich durch den Massenandrang sicher weniger gestört als der, der auf die eigene Entdeckungslust setzt – von privaten Bedürfnissen nach Meditation oder Gebeten ganz zu schweigen. Etwas ruhiger zu geht es allenfalls noch in der letzten Stunde vor der Schließung (im Sommer um 19, im Winter um 18 Uhr).

Den wichtigsten Punkt des Kircheninneren, den Papstaltar über dem Petrusgrab, könnte man freilich nicht einmal im größten Gewühl übersehen. Dafür sorgt der schon erwähnte 28 Meter hohe Baldachin des Gian Lorenzo Bernini; die für seine mächtigen Pfeiler benötigte Bronze stammt aus einem zu diesem Zweck eingeschmolzenen Säulengang des Pantheons, jenem bis heute erhaltenen und wie der Petersdom von einer riesigen Kuppel überdachten Gebäude, das in altrömischer Zeit der Verehrung aller Götter gewidmet war. Die Versuchung, die Transformation der Pantheonsäulen als symbolischen Akt oder gar als triumphale Geste des Papsttums gegenüber dem römischen Heidentum zu deuten, liegt nahe – und ginge trotzdem in die Irre: Das Pantheon diente schon seit 1000 Jahren als christliche Kirche (Sancta Maria ad Martyres), als Bernini dessen Säulen entführte.

Berninis Baldachin, Michelangelos Pietà, die Petrusstatue des Arnolfo di Cambio: das sind nur drei der weit über 100 Kunstwerke, die an den Wänden und Decken der Peterskirche, in ihren Seitenaltären oder in der Confessio unterhalb des Papstaltars zu sehen sind. Das Wichtigste darüber, oder einzelne kunsthistorische Details, sollte man in aller Ruhe in einem gedruckten Führer nachlesen. Wir fühlen uns eher fürs Abseitige zuständig, das es auch hier zu entdecken gibt – und manchmal gerade da, wo man es am wenigsten vermutet. Das liegt daran, dass die großen Künstler, die zur Ausstattung der Peterskirche beitrugen, sich nicht immer damit begnügen mochten, die auf Frömmigkeit oder Repräsentation bedachten Vorgaben ihrer päpstlichen Auftraggeber auszuführen. Ihre Chance auf Selbstverwirklichung, inklusive künstlerischer Eigenmächtigkeiten, lag in den Details, weswegen ihre Zeitgenossen ihr Augenmerk oft mehr darauf richteten als auf das große Ganze eines Bildes oder einer Skulptur.

Apropos groß: Je größer ein Kunstwerk, desto mehr wächst im Regelfall die Chance, bei seiner Betrachtung auf überraschende Einzelheiten zu stoßen. Das beste Beispiel dafür bietet im Petersdom folgerichtig Berninis riesiger Bronzebaldachin. Wer seinen Blick statt in die Höhe auf die Füße der vier Pfeiler richtet, entdeckt Überraschendes, um nicht zu sagen Schockierendes. Die marmornen Sockel der Pfeiler hat Bernini mit dem Familienwappen der Barberini (und damit seines päpstlichen Auftraggebers Urban VII.) geschmückt. Geht da nur die Phantasie mit uns durch, wenn wir feststellen, dass diese Wappenschilde die Form von Frauenleibern aufweisen? Von wegen. Je näher man die Wappen betrachtet, desto eindeutiger wird der Befund: Bernini hat ganz bewusst hier, ausgerechnet an den Fundamenten des Papstaltars, eine vollkommen eindeutige Hommage auf den weiblichen Körper, ja auf die weibliche Sexualität geschaffen.

Am oberen Rand der mit drei Bienen (den Wappentieren der Barberini) verzierten Schilde windet sich ein weibliches Gesicht in Lust wie in Schmerz; nur am Sockel des letzten Pfeilers lacht dem Betrachter stattdessen das pausbäckige Gesicht eines Kleinkindes entgegen.

Wie um seine Provokation auf die Spitze zu treiben, hat Bernini die anatomischen Details, die bei der Zeugung und Geburt jenes Kindes eine wesentliche Rolle gespielt hatten, keineswegs ausgespart: Die Ornamente am unteren Rand der »Wappenbäuche« sind nur leicht abstrahierte Abbildungen der weiblichen Sexualorgane. Wenn sich also die Fernsehkameras bei der Übertragung großer Zeremonien aus der Peterskirche in Großaufnahme nur ein paar Meter zur Seite richten würden (was sie natürlich niemals tun), dann nähme eine verblüffte Welt zur Kenntnis, dass sich die Säulen über dem zentralen Ort der römisch-katholischen Kirche über den Bildern einer Gebärmutter und einer Vagina erheben.

Blasphemie? Aber keine Spur. Wo Irdisches und Himmlisches immer wieder zusammenprallen, geraten sie mitunter halt in drastische Kontraste zueinander. Nicht alle Päpste waren gleich sinnenfroh, und nicht alle waren gleich prüde. Doch im Ganzen und über die Jahrtausende gesehen gereicht es dem Vatikan durchaus zur Ehre, dass er das Irdische im Himmlischen nicht verleugnet, sondern über alle Reibereien, Ungereimtheiten und oft schmerzhafte Diskriminierungen hinweg das eine immer auch als Voraussetzung für das andere betrachtet hat.

Hinter dem Baldachin erhebt sich die sogenannte Kathedra Petri, also der päpstliche Thronsitz des heiligen

Petrus – nicht zu verwechseln mit dem realen Bischofsthron des Papstes. Dieser steht in der eigentlichen »Hauskirche« des Papstes – das ist merkwürdigerweise nicht der Petersdom, sondern die Lateranbasilika, die wir später besuchen werden. Dies hat Papst Benedikt XVI. allerdings nicht davon abgehalten, die Kathedra Petri im Februar 2006 einer Pilgergruppe höchstpersönlich zu erklären: »In der Apsis der Basilika des heiligen Petrus befindet sich, wie ihr wisst, das Denkmal der Kathedra des Apostels, ein Werk Berninis aus dessen Blütezeit, verwirklicht in Form eines großen Thrones aus Bronze, der von den Statuen von vier Kirchenlehrern getragen wird. Zwei sind aus dem Westen – der heilige Augustinus und der heilige Ambrosius – und zwei aus dem Osten – der heilige Johannes Chrysostomus und der heilige Athanasius.«

Ähnlich wie der Bronzebaldachin wirkt die Skulpturengruppe der Kathedra Petri schon auf den ersten Blick (beim Betreten der Kirche) derart monumental, dass kaum jemand auf die Idee kommt, sie sich wirklich einmal in Ruhe anzusehen. Doch auch hier lohnt sich der genaue Blick, der nicht nur das Himmelstürmende, sondern ebenso das Aberwitzige, sozusagen mit Fleiß gegen jedes vernünftige Maß und jede rationale Erwägung Verstoßende dieser Komposition deutlich macht. Da spielt es keine Rolle, dass der im Mittelpunkt des Ensembles stehende, nein: schwebende Petrusthron (ein von Bernini mit Goldbronze umkleideter Holzsessel) in Wahrheit weder Petrus noch einem anderen Papst, sondern erst Karl dem Kahlen während dessen Kaiserkrönung im neunten Jahrhundert als Thronsitz gedient hat.

Worauf es hier, wie so oft im Vatikan, ankommt, ist weniger die historische Realität als die Idee. Hier also die Idee des über allem thronenden Papsttums, und die hat Bernini in der Kathedra Petri derart grandios in Stein und Bronze umgesetzt, dass er sie dadurch fast schon ad absurdum führte. Die Statuen der von Papst Benedikt XVI. erwähnten Kirchenlehrer sind mehr als fünf Meter hoch – und die in goldenen Wolken über dem Thron umherfliegenden Engelscharen befinden sich offenkundig in sehr heiterer Stimmung. Ist ihnen aufgefallen, was auch uns beim Betrachten der Kathedra Petri auffällt? Die wackeren Kirchenlehrer stemmen den Thron zwar nach Kräften hoch, halten ihn aber dabei so schief, dass jeder, der sich darauf zu setzen versuchte, unverzüglich nach vorn abrutschen und in die Tiefe stürzen würde.

Schöner als Bernini das hier getan hat, lässt sich der Begriff Fallhöhe kaum veranschaulichen. Dennoch wird unser Blick hier immer weiter nach oben gezogen, zu der in warmen Gelb- und Orangetönen leuchtenden, den Heiligen Geist symbolisierenden Taube im ovalen Glasfenster über der Kathedra. Und als wirkte all dies noch nicht triumphal genug, hat Bernini Fenster und Taube in einen monumentalen goldenen Strahlenkranz gefasst, dessen oberste Spitzen meterhoch gen Himmel schießen.

Kann man noch höher hinauswollen? Man kann, zumindest physisch; aber ganz leicht wird das nicht. Die Bergtour auf den Gipfel der Peterskirche lässt sich entweder zu Fuß oder per Lift angehen. Wir sagen ganz bewusst angehen; denn der im Turm rechts von der Kuppel nach oben führende Aufzug (Zugang außerhalb der Kirche) nimmt einem nur das erste, leichtere Stück des

Weges ab. Weil viele das nicht wissen (und die darauf hinweisenden Schilder munter ignorieren), bilden sich regelmäßig Staus vor dem Lifteingang – und das, obwohl für die Liftbenutzung eine Extragebühr fällig wird. So oder so: Wer den harmlosen ersten Teil des Aufstiegs zur Peterskuppel hinter sich gebracht hat und hinaus auf die riesige Dachterrasse der Kirche tritt, den erwartet erst einmal eine faustdicke Überraschung: Hier droben steht ein veritables Minidorf, zusammengesetzt aus einem guten Dutzend steinerner Häuser. Entwickelt hat sich das Ensemble aus den Bauhütten, in denen die mit der Errichtung der Kuppel beschäftigten Arbeiter wohnten.

Einen Teil dieser ursprünglichen Funktion hat das Dorf auf der Peterskirche bis heute behalten: Einige seiner Gebäude dienen den Sampietrini (das sind die für die dauernd nötigen Ausbesserungs- und Restaurationsarbeiten zuständigen Maurer und Steinmetze) nach wie vor als Unterkunfts- beziehungsweise als Lagerhäuser. Im Übrigen hat sich das Dorf den Zeitläuften, also dem Tourismus, angepasst. Die auffälligste (und für unsereinen angenehmste) Folge davon: Hier droben findet sich die einzige öffentlich zugängliche Bar des Vatikans – nicht irgendein kleiner Getränkekiosk, sondern eine klassische, angenehm geräumige römische Bar, in der neben Kaffees und allen Arten von Erfrischungsgetränken frisch zubereitete kleine Speisen angeboten werden, und das zu durchaus zivilen Preisen. Im lang gestreckten Gebäude neben der Bar betreiben Nonnen einen umfangreich sortierten Andenkenladen. Auch öffentliche Toiletten sind hier oben installiert. Schließlich wartet die Terrassensiedlung noch mit zwei weiteren typisch dörflichen Institutionen auf: einem frei stehenden Brunnen und einem eigenen Postamt!

Die Erholungspause, zu der einen diese sonderbare Dorf- und Dachidylle einlädt, sollte man allerdings besser verschieben. Denn noch steht ja der zweite Teil der Tour bevor. Der verheißt einiges an Abenteuern und spektakulären Entdeckungen, lässt sich aber nicht so einfach und ohne Weiteres mitnehmen, im Gegenteil: der eigentliche Kuppelaufstieg ist – Konditions- oder Nervenschwache seien ausdrücklich gewarnt – alles andere als ein Kinderspiel.

Es beginnt gleich mit einem Knalleffekt: Wenige Stufen führen den vatikanischen Hochtouristen von der Dachterrasse des Petersdoms auf die schmale Galerie im Inneren der Kuppelbasis. Wer bisher geglaubt hat, schwindelfrei zu sein, wird an dieser extrem ausgesetzten Stelle möglicherweise eines Besseren belehrt: Ohne irgendeinen Halt fällt der Blick senkrecht hinunter aufs Dach von Berninis Bronzebaldachin und, noch einmal eine Kirchturmhöhe weiter unten, auf die ameisengleich durch den Altarraum der Peterskirche ziehenden Besucherscharen.

Alles, was einem dank einer ausgeklügelten architektonischen Proportions- und Perspektivkunst von unten her wie selbstverständlich vorkam, wirkt nun auf eine fast bizarre Weise ins Über-, ja ins Unproportionale gesteigert und verzerrt. Ganz buchstäblich gilt das für die zahlreichen Mosaiken, die das Innere der Kuppel ausschmücken: Eben weil deren Proportionen exakt auf den Anblick von tief unten berechnet sind, erscheinen sie einem hier, wo man sie fast unmittelbar vor Augen hat, befremdlich »schief«.

Dieser Effekt verstärkt sich umso mehr, je weiter die Mosaikfelder in die Biegung des Kuppelbauchs hineinragen. Und weil einem allein davon schlimm schwindlig werden kann, sollten Kuppelbesucher ihren Blick gelegentlich aus der Hoch-Tief-Perspektive lösen und stattdessen einfach geradeaus gucken: Da entdecken sie dann zu ihrer Beruhigung, dass der scheinbar ins Nichts ragende schmale Balkon des Kuppelrundgangs, auf dem sie stehen, in Wahrheit von den denkbar solidesten Stützen getragen wird: den mächtigen, die Vierung der Kirche markierenden Fünfkantsäulen, deren jede einzelne einen Durchmesser von 24 Metern hat.

Nachdem unsere Aufstiegsroute das luftige Kuppelrund zur Hälfte umschritten hat, führt sie nun – wieder ein harter Kontrast! – in den schmalen dunklen Innenraum zwischen den beiden Schalen der Kuppel. Ebendieser Zwischenraum vermittelt nun den gesamten weiteren Aufstieg. Weg und Stufen sind tadellos in Schuss gehalten. Dennoch droht einem die Tour immer wieder den Atem zu rauben – und das Balancegefühl dazu. Das liegt schlicht daran, dass der Weg sich der Bauform der Kuppel anpassen muss. Er wird also nicht nur immer steiler und enger, je höher man kommt; zu allem Überfluss geraten dabei auch die seitlichen Begrenzungswände (eben die Kuppelschalen!) bedenklich in Schieflage. Hier geht's einem so wie in einer engen Schiffskabine bei schwerem Wellengang: Man weiß zeitweise nicht mehr, was Wand und was Boden ist…

Das Finale der Kuppeltour bietet schließlich eine gute Möglichkeit, sich den Unterschied zwischen zwei häufig verwechselten Phobien am eigenen Leib klarzumachen:

Was man soeben auf den letzten Metern auf dem nun gerade noch mannsbreiten Aufstiegsweg (fast handelt es sich schon um einen Aufstiegsschacht) empfindet, ist eindeutig Klaustrophobie: die sich in schweren Fällen zur Panik steigernde Angst vor dem Eingeschlossensein. Das Gegenteil davon, nämlich Platzangst, fällt einen in dem Moment an, in dem man es endlich geschafft hat und durch eine enge Steinpforte hinaustritt auf die rund um die Laterne (so heißt das oberste Teilstück einer Kuppel) laufende Galerie.

Gerade wenn man nun nicht sofort nach unten schaut (was eher Schwindel auslösen würde als Platzangst), sondern den Blick sozusagen waagerecht rundum schweifen lässt, glaubt man nun in einem Raum ohne irgendwelche Begrenzungen zu stehen. Dieser Eindruck wird noch verstärkt durch die praktisch ununterbrochen über Rom liegende Dunstglocke (um das zwar zutreffende, aber hässlich-profane Wort »Smog« zu vermeiden): Sie sorgt dafür, dass die Konturen der Gebirge, die unserem Blick Grenzen setzen könnten, im Ungefähren verschwimmen: die Sabatiner Berge im Norden, die Abruzzen im Osten und die Albaner Berge im Süden. Ohnehin kein Hindernis stellt sich dem Blick (und der möglichen Platzangst) im Westen in den Weg. Da breitet sich das Tyrrhenische Meer aus, das man allerdings trotz seiner Nähe (es liegt nicht einmal 20 Kilometer Luftlinie vom Vatikan entfernt) ebenfalls mehr ahnt als wirklich sieht.

Was die nähere Aussicht angeht, nämlich auf die nun gut erkennbar zwischen sieben Hügel und um sie herum gebaute Stadt Rom, bleibt man aufs eigene Entdeckertalent respektive auf gute Stadtpläne angewiesen: Panoramabilder mit Erklärungen, wie man sie von anderen Aussichtswarten her kennt, sucht man hier oben vergebens, wahrscheinlich, weil sie die ohnehin meist herrschende Platznot auf der schmalen Laternengalerie noch verschärfen würden.

Besonders gern schauen viele Kuppelbesucher übrigens nach dem Kolosseum aus, und nicht wenige finden es sogar. Das ist schon deshalb bemerkenswert, weil ausgerechnet das Kolosseum von hier oben nicht zu sehen ist: Es versteckt sich fast ganz hinter dem monumentalen Gründerzeitdenkmal des Königs Vittorio Emanuele II., Roms unbestritten hässlichstem Bauwerk. Übrigens, man kann jenes Monument ebenfalls besteigen – und von dort aus nicht nur ungehindert aufs Kolosseum blicken, sondern natürlich auch auf die als riesige Halbkugel über Rom thronende Kuppel der Peterskirche.

Was die Aussicht von der Peterskuppel aber wirklich exklusiv macht, ist der Blick auf den Vatikan selbst, einschließlich der für Außenstehende unzugänglichen Bereiche: im Westen die Vatikanischen Gärten, dann – von der Kuppel aus gesehen rechts – die riesige, sich nach Norden hin, in Richtung der Vatikanischen Museen erstreckende Palastanlage, und wieder rechts (östlich) davon das dorfähnliche Viertel Sant'Anna mit seinem Gewirr von Gebäuden, Plätzen und kleinen Straßen, in denen sich ein Großteil des vatikanischen Alltags abspielt.

Den Überblick hätten wir nun also – aber natürlich ist damit unsere Neugier gewachsen, auch und gerade auf die hinter ebenfalls gut sichtbaren Mauern liegenden inneren Bezirke der Vatikanstadt. Nur, bitte schön, wie kommt man da hinein?

Zutritt verboten – aber nicht für alle

Wer das Passwort kennt, braucht die Schweizergarde nicht zu fürchten. Und findet direkt neben dem Petersdom eine Oase des Friedens

Man kommt nicht hinein? Stimmt nicht ganz: Wer vor zwölf Uhr mittags hier ist, hat am Arco delle Campane (Glockenbogen) gleich links vom Petersdom nicht nur eine gute Chance, sondern sogar das Recht darauf, von den Schweizergardisten in den Vatikan eingelassen zu werden. Er muss nur die richtige Parole kennen; sie lautet »Campo Santo Teutonico«. Noch besser ist es, die Übersetzung »deutscher Friedhof« zu nennen. So weist man sich gleich als deutschsprachiger Mensch aus und genießt damit das Privileg des Zugangs zu jenem Ort, an dem unser Spaziergang über das Gelände des Vatikanstaats beginnen soll.

»Teutones in pace« steht wörtlich am Friedhofseingang geschrieben: »Deutsche ruhen hier in Frieden.« Oder, wie Papst Pius XI. es übersetzte: »Hier geben sogar die Deutschen Ruhe.« Das tun sie dort heute noch, und zwar nicht nur die toten. Der kleine, von einer hohen Mauer umsäumte Friedhof ist eine Oase der Stille geblieben: der ideale Ort, um sich vom Trubel auf dem nicht einmal 200 Meter entfernten Petersplatz zu erholen. Wenn dort allerdings Generalaudienzen oder ähnliche Veranstaltungen stattfinden, bleibt der Zugang zum Campo Santo Teutonico auch deutschen Besuchern verwehrt.

Jederzeit dagegen wird eingelassen, wer Messen oder Andachten in der kleinen Kirche Santa Maria della Pietà besuchen möchte, die ebenso dem Campo Santo Teutonico angeschlossen ist wie das römische Institut für Archäologie und christliche Religionsgeschichte der Görres-Gesellschaft und ein im 19. Jahrhundert gegründetes Seminar für deutschsprachige Priester.

Spitzfindige könnten einwenden, dass dieses Gelände im strengen Sinn gar nicht zum Vatikan gehört. Juristisch gesehen ist das korrekt: Die in den Lateranverträgen ausgehandelten Grenzlinien des Vatikanstaats sparen in der Tat den deutschen Friedhof aus (wie übrigens auch die benachbarte Fläche, auf der die große Audienzhalle steht). Vollends kurios ist der völkerrechtliche Status des Campo Santo Teutonico: Da der Friedhof im 19. Jahrhundert in eine deutsch-österreichische Nationalstiftung des schon damals nur mehr auf dem Papier bestehenden Heiligen Römischen Reiches deutscher Nation eingebracht wurde, ist sein Staatsoberhaupt, als rechtmäßiger Nachfolger des römisch-deutschen Kaisers und des Kaisers von Österreich, der jeweils amtierende österreichische Bundespräsident.

So weit die Theorie. In der Praxis spielt all das überhaupt keine Rolle, zumal dem Vatikan diese ohnehin innerhalb seiner Mauern liegenden Grundstücke zur ständigen Nutzung zugesprochen wurden und deshalb exterritorialen Status genießen. Wenn deutsche Bischöfe oder Kardinäle am Rand eines besonderen Ereignisses wie einer Heiligsprechung, einer Kirchenversammlung oder einer Papstwahl zu einem Empfang in die Seminarräume des Campo Santo Teutonico bitten, genießen die Eingeladenen ihre Anwesenheit im Vatikan aus dem gleichen Grund wie die Besucher des Deutschen Friedhofs als kleines Privileg.

Wie fast alles hier geht der Sonderstatus des Campo Santo Teutonico (der übrigens allen im deutschen Kulturraum Lebenden wie Österreichern, Südtirolern, Schweizern, Niederländern und Flamen zugute kommt) auf die Besonderheiten der vatikanischen Geschichte zurück.

Auf dem einst zum Zirkus von Caligula und Nero gehörenden Gelände wurde bereits im Jahr 800 anlässlich der Reise Karls des Großen zu seiner Kaiserkrönung die Scola Francorum gegründet, eine Art Hospiz für kranke Pilger aus dem deutschen Kaiserreich, in dessen Nähe dann auch die Toten begraben wurden. Zu Beginn des 15. Jahrhunderts hat man das im Lauf der Zeit verwahrloste kleine Areal neu aufgebaut. Damals entstand die kleine Kirche Santa Maria della Pietà, ursprünglich ein Renaissancebau, der wie viele andere im 17. Jahrhundert mit barocken Statuen und Deckenfresken ausgeschmückt wurde. Danach allerdings verfiel die Kirche zusehends; erst gegen Ende des 19. Jahrhunderts machte man sich an ihre Renovierung. Aus dieser Zeit stammen die heutigen farbigen Fenster.

Zu der Zeit, in der Santa Maria della Pietà erbaut wurde, um 1450, gründeten Angehörige der deutschen Gemeinde in Rom die bis heute bestehende Erzbruderschaft, die sich seither als Eigentümer des Deutschen Friedhofs um dessen Betrieb wie um den Erhalt der kleinen Kirche kümmert. Mitglied in diesem Verein können katholische Männer wie Frauen unter 60 Jahren werden. Die Festsetzung dieses Höchstalters hat ihren Grund im Vorrecht der Erzbrüder und -schwestern, unmittelbar in der Nähe der Peterskirche ihre letzte Ruhestätte zu finden: Ganz exklusiv wurde dieses Vorrecht jedoch nicht gehandhabt, weswegen in der Vergangenheit auch in Rom gestorbene Prominente wie beispielsweise der Schriftsteller Stefan Andres hier begraben wurden.

Der Friedhof selbst strahlt, wie gesagt, vor allem Ruhe aus. Wirkliche Sehenswürdigkeiten, im Baedekersinn, gibt es hier nicht zu entdecken, abgesehen vom imposanten Blick auf die Seitenwände der Peterskirche, an denen vorbei der Weg zum Friedhof und zurück führt. Nicht selten ist man als Besucher hier ganz allein zwischen den grünen Büschen und Bäumen, die um die Gräber und entlang der Friedhofsmauer gepflanzt sind.

Gelegentlich taucht der eine oder andere Mitarbeiter einer vatikanischen Behörde auf. Vor allem die Mitglieder der ganz in der Nähe gelegenen Glaubenskongregation schätzen den Campo Santo Teutonico als friedlichen Rückzugsort. Auch der jetzige Papst ist gern hierhergekommen, als er noch deren Leiter war. Jetzt steht ihm für kurze Spaziergänge zwischendurch die Dachterrasse des Papstpalastes zur Verfügung – und natürlich die Gärten des Vatikans.

Schon ärgerlich: Um in diese hinter der Peterskirche zur Kuppe des Vatikanhügels ansteigenden Gärten zu gelangen, hätten wir vom Eingangstor des Campo Santo Teutonico aus nur noch 200 Meter zu gehen, die bewachte Vatikangrenze liegt ohnehin schon hinter uns – und doch bleibt das Gelände jenseits des deutschen Friedhofs für alle, die ohne besondere Einladung und Passierschein bis hierher gekommen sind, eine verbotene Welt.

Was die Gärten betrifft, lässt sich dem aber relativ leicht abhelfen: Man kann sich, nach vorheriger Anmeldung bei den Vatikanischen Museen, einer der Gruppen anschließen, die jeden Dienstag, Donnerstag und Samstag (im Winter nur samstags) von Führern durch die Gärten des Papstes geleitet werden. Das Unternehmen lohnt sich schon deswegen, weil es Normalsterblichen die in der Regel einzige Möglichkeit bietet, diese so imposante wie wunderschöne Parkanlage kennenzulernen – jedenfalls aus der Nähe.

Einen weiträumigen Überblick haben wir uns ja bereits von der Peterskuppel verschafft. Wer dabei so schlau war, ein eigenes Taschenfernrohr mitzunehmen, hat sich schon an das eine oder andere Detail heranzoomen können. Ohne Weiteres und mit bloßem Auge gut erkennbar sind aus der Vogelperspektive die sogenannten Leoninischen Mauern, die sich von der äußersten Westspitze der Gärten (von St. Peter aus links oben) vor den viel höheren heutigen Mauern nach rechts erstrecken, um nach Osten hin in Richtung Peterskirche abzufallen. Diese Mauern markierten bis zum Ende des Mittelalters die Grenze des Vatikans; sie sind der erhaltene Rest jener Befestigungsanlage, die Papst Leo IV. im neunten Jahrhundert errichten ließ, um den Vatikan und die Stadt Rom vor möglichen Einfällen der von der nahen Meeresküste vorstoßenden Sarazenen zu schützen.

Der von der Leoninischen Mauer umfasste Teil des Vatikanhügels war wesentlich kleiner als die heutige Gartenanlage, die fast die Hälfte der Fläche des Kirchenstaats bedeckt. Immerhin, Gärten gab es hier schon damals; sie dienten im Mittelalter allerdings vorwiegend dem Anbau von Obst, Gemüse und Getreide. Ihre Bedeutung als Ort der Erholung (und, nicht immer nur nebenbei, der Repräsentation) begannen die Gärten des Papstes erst mit Beginn der Neuzeit zu erlangen. Ablesbar ist diese Entwicklung an den nach und nach entstandenen Gartenschlössern und -villen innerhalb des Geländes: an der Ende des 15. Jahrhunderts durch Innozenz VIII. errichteten Sommerresidenz Belvedere (sie ist heute Teil der Vatikanischen Museen), der 50 Jahre später entstandenen Casina (»Landvilla«) Pius' IV. oder, neueren Datums, dem Sommersitz, den Leo XIII. im Zentralbereich der Gartenanlage errichten ließ.

Die heutige Sommerresidenz der Päpste – wir werden später dort vorbeischauen – liegt außerhalb des Vatikans, in Castel Gandolfo. Erreichbar ist sie für den Papst von seinem (ebenfalls in den Vatikanischen Gärten gelegenen) Hubschrauberlandeplatz binnen weniger Minuten; schon aus diesem Grund werden die Gebäude in den Gärten heute allesamt zu anderen Zwecken als für die Erholung des Papstes genutzt.

Wie die kleinen und größeren Sommerresidenzen spiegelt die gesamte Parkanlage selbst den wechselnden Einfluss des Zeitgeistes auf die Garten- und Landschaftsarchitektur wider. Am auffälligsten ist der Kontrast zwischen den streng geometrisch und barock ornamental gestalteten französischen (oder, wie man hier meist sagt, »italienischen«) Gärten im südlichen, von der Peterskirche aus rechten Teil der Anlage und dem später, schon unter vorromantischen Einflüssen nach englischer Art angelegtem nördlichen Areal mit seinen waldähnlichen Hainen und hügeligen Wiesen, dem man das kunstvoll auf schöne Landschaftsperspektiven berechnete Arrangement erst auf den zweiten Blick ansieht.

Möglich wird diese Gartenpracht übrigens nur durch die Bodenbeschaffenheit des Vatikanhügels. Er besteht vor allem aus porösem Tuffgestein, dessen Hohl- und Zwischenräume natürliche Wasserspeicher bilden. Die daraus entspringenden Quellen stellten bis in die Neuzeit die gesamte Wasserversorgung des Vatikans sicher. Heute würden sie dafür nicht mehr ausreichen; diese Aufgabe erfüllt inzwischen eine riesige Zisterne, die zwar ebenfalls unter den Gärten liegt, aber vor allem durch Zuflüsse aus dem Bracciansee gespeist wird. Dieser 50 Kilometer nördlich von Rom in den Sabatiner Bergen liegende See ist nach seinem Hauptort Bracciano benannt, der mit dem nahe dem Vatikan gelegenen Bahnhof Roma San Pietro über eine S-Bahnlinie verbunden ist. Weswegen es, das nebenbei, für potenzielle Vatikanbesucher eine gute Idee sein könnte, ihr Quartier statt in einem der teuren und bis zur oberen Mittelklasse meist wenig attraktiven römischen Stadthotels an den Ufern des schönen Bracciansees zu suchen.

Das unterirdische Wasserreservoir erklärt auch die eindrucksvolle Pflanzenvielfalt der Vatikanischen Gärten.

Viele ihrer botanischen Attraktionen liegen auf der offiziellen Besichtigungsroute. Die beginnt normalerweise an der Piazza Santa Marta, einem großen, sich bereits zu den Gärten hin öffnenden Platz links (südlich) der Apsis von St. Peter. Von dort geht man zwischen dem vatikanischen Bahnhof und dem überraschend pompösen »Regierungspalast« des Governatorato, also der für die weltlichen Verwaltungsbelange des Vatikanstaats zuständigen Behörde, hindurch und folgt dann zunächst der Viale dell'Osservatorio hügelaufwärts, vorbei an einem fast 200 Meter langen felsigen Hang, aus dem zahllose alpine und andere bunte Pflanzen sprießen, obwohl dort kein Kubikzentimeter Erde zu finden ist: kein Wunder des Heiligen Geistes, aber immerhin eines des Tuffgesteins.

Über diesen Blumenfelsen erreicht man einen kleinen runden Platz, der die geografische Mitte des Vatikans markiert; folgerichtig steht dort eine Statue des heiligen Petrus. Mehr als für diese interessieren sich die Besucher in der Regel aber für das weiß gekalkte kleine, mit einem winzigen Turm ausgestattete Häuschen daneben, das durchaus hält, was sein Name verspricht: Die Casina del Giardiniere (»Gärtnerhäuschen«) dient heute noch dem Chef der 27-köpfigen vatikanischen Gartenbrigade als Zivilwohnung.

Weiter oben, unmittelbar an der alten Leoninischen Mauer, erblickt man von hier aus ein Gebäude, das aus den offiziellen Gartenbesichtigungstouren stets ausgespart bleibt. Das ist sehr schade, obwohl es gewissermaßen in der Natur der Sache liegt: Dort, im Kloster Mater Ecclesiae, lebt eine Schar von Nonnen in strengster Klausur – freiwillig, aber vollkommen abgeschnitten von der

Außenwelt. Das Merkwürdige daran ist, dass es sich bei ihnen nicht etwa um Angehörige eines bestimmten und besonders strengen Ordens handelt.

Die auch für kirchliche Verhältnisse sehr ungewöhnliche Leitidee der kleinen, erst von Papst Johannes Paul II. ins Leben gerufenen Institution ist die einer Klausur auf Zeit: Im Turnus von fünf Jahren wechseln Schwestern aus verschiedenen Ordensgemeinschaften und aus jeweils sieben verschiedenen Klöstern einander ab. Während dieser Zeitspanne legen sie sich weitgehend striktes Stillschweigen auf (Unterhaltungen sind nur nach dem täglichen Abendessen für eine halbe Stunde gestattet), verlassen den kleinen Klosterbezirk niemals und folgen strikt der alten Klosterregel »Ora et labora« (»Bete und arbeite«). Das Hauptgewicht liegt dabei eindeutig auf den gemeinsamen Gebeten, zu denen die Schwestern nach altem kirchlichen Ritus von frühmorgens (beim ersten Gebet, der Laudes, ist meist die Sonne noch nicht aufgegangen) bis abends immer wieder in der Klosterkapelle zusammenkommen.

Sie brauche die gemeinsamen Gebete, sagt Maria Sofia Cicchetti, die gegenwärtig den Schwestern von Mater Ecclesiae (zurzeit sind es Benediktinerinnen) als Äbtissin vorsteht; die Gebete gäben den Tagen ihren Rhythmus. Und bitte, als langweilig oder bloß mechanisch-fromm möge man sich das auf keinen Fall vorstellen! Bis 2009 wird die gegenwärtige Klosterbesatzung noch bleiben – bleiben *dürfen*, sagt Mutter Maria Sofia. Schon heute ist sie sich sicher, dass ihr Aufenthalt hier eine große »Zeit für die Seele« war, eine Zeit des Friedens und vor allem, das ist ihr sehr wichtig, eine Zeit der Heiterkeit.

Dass neugierige Vatikantouristen geradezu das Extrem eines Störfalls darstellen würden, ist klar. Auf der Strecke bleibt deswegen auch unsere Neugier auf einen höchst irdischen Aspekt der Gemeinschaft von Mater Ecclesiae: Die Schwestern bestellen, das ist der »Arbeite«-Teil ihres selbst gewählten Auftrags, die letzten verbliebenen Nutzflächen in den Vatikanischen Gärten; aus ihren Beeten versorgen sie vor allem die päpstliche Küche mit Fenchel und Feldsalat, Lauch, Frühlingszwiebeln, Bohnen, Erbsen und anderem mehr. Und kultivieren nebenbei ein knappes Dutzend Orangen- und Zitronenbäumchen, was gelegentlich die Produktion eines »Limoncello alla Vaticana« zur Folge hat – »nur zum Verschenken natürlich«, versichert Mutter Maria Sofia mit einem kleinen Lächeln.

Doch leider, nicht einmal an den Zitronenlikör von Mater Ecclesiae kommt man als normaler Besucher heran. Stattdessen führt die Besichtigungstour nun hinauf zum großen, erst 1929 entstandenen Bau des Äthiopischen Priesterkollegs. Er ist ein Symbol für die manchmal fast unfassbare Traditionstreue des Vatikans: Das Vorrecht äthiopischer Priesterkandidaten, in dieser exklusiven Umgebung zu studieren und zu wohnen, geht auf ein äthiopisches Hospiz zurück, das 500 Jahre neben der kleinen, bis heute bestehenden Kirche Santo Stefano degli Abissini (genau hinter dem Petersdom) stand und 1911 zum Priesterseminar umfunktioniert wurde. Das Gebäude war schon kurz darauf bis zur Abbruchreife verfallen – nicht aber jenes Privileg der äthiopischen Seminaristen, dem Papst Pius XI. mit dem Neubau auf dem Vatikanischen Hügel seinen Respekt zollte.

Das Kolleg selbst kann man als Sehenswürdigkeit getrost vernachlässigen, anders als den gleich daneben sprudelnden, von einer Reihe afrikanischer Pflanzen wie Granatapfelbäumen und Bananenstauden umstandenen Delfinbrunnen. Unter alten Steineichen führt der Weg dann weiter hinaus zum höchsten Punkt der Vatikanischen Gärten. Dort oben ist seit 1902 die sogenannte »Lourdes-Grotte« installiert, eine getreue Kopie der Altargrotte im französischen Marienwallfahrtsort Lourdes.

Purer Kitsch und tiefe Frömmigkeit: Im Vatikan, das müssen selbst Skeptiker einräumen, kommt beides nur sehr selten zusammen; die Lourdes-Grotte ist eines der ganz wenigen Beispiele dafür. Wer sich daran allzu sehr stößt, sollte rasch hinübergehen zu der nahe gelegenen, von imposanten Dattelpalmen beschirmten kleinen Terrasse, die einen ungehinderten Blick über den barocken Teil der Gärten auf die Rückseite der Peterskirche erlaubt. Dafür, dass es zwischen den akkurat geschnittenen Hecken dieses französisch-italienischen Gartens nicht ganz so steif zugeht, wie es von hier oben aussieht, sorgt eine Schar ungewöhnlicher Bewohner: Die seit Langem in den Kronen der umliegenden Zedern nistenden Mönchssittiche, die mit ihren vorwitzigen Flugattacken und ihrem Papageiengeschrei immer wieder die über dem Park liegende Stille durchbrechen.

Die Gartentour führt nun hinüber zur alten Zentrale von Radio Vatikan und dem darüber in den Himmel ragenden Sendemast. Glaubt man Dan Browns berühmtem Vatikanthriller »Illuminati«, steht auf dem flachen Gebäude das Schild »Radio Vaticano« zu lesen. Das freilich ist nur einer der unzähligen Fehler, von denen dieses angeblich hervorragend recherchierte Buch nur so strotzt – was einen Reiseführerverlag übrigens nicht daran gehindert hat, sein Rombuch mit dem Aufdruck »Mit allen Originalschauplätzen aus ›Illuminati‹« zu dekorieren. Wer das für bare Münze nimmt und die »Originale« mit Browns Bestseller in der Hand abschreitet, wird vor allem eine Reihe von Enttäuschungen erleben. Ein »Radio Vaticano« beispielsweise gibt es nur in spanischsprachigen Ländern; auf Italienisch wie auf (Vatikan-)Lateinisch ist der oder das Radio weiblich. Deswegen stünde auf dem »flachen Gebäude« Radio Vaticana – wenn überhaupt etwas draufstünde. Tut es aber nicht und tat es nie, auch nicht in den Zeiten, als jenes (in Wirklichkeit eher hohe als flache) Gebäude tatsächlich noch die Sendezentrale von Radio Vatikan beherbergte. Das hat sich indes schon vor mehr als einem halben Jahrhundert geändert; in Wahrheit arbeitet dort kein Rundfunkjournalist mehr.

Das heutige Redaktionsgebäude von Radio Vatikan liegt gegenüber der Engelsburg, also außerhalb der vatikanischen Mauern. Und gesendet wird über eine moderne Sendeanlage 25 Kilometer außerhalb von Rom, die derart gut funktioniert, dass Radio Vatikan die Schwellenwerte der italienischen Verordnung gegen den Elektrosmog immer wieder überschritt; daher wird mittlerweile ein Teil der Sendungen zu Radio Montecarlo weitergeleitet und von dort aus ausgestrahlt.

Hinter der alten Radiostation erhebt sich der mächtige Johannesturm, ein Teil der mittelalterlichen Wehranlage des Vatikans, der von Johannes XXIII. renoviert und als privater Rückzugsort geschätzt wurde; heute werden dort zuweilen persönliche Gäste des Papstes untergebracht. Einmal nutzte aber auch der jetzige Papst den Turm: Benedikt XVI. zog sich mit dem amerikanischen Präsidenten George Bush jr. hierher zu einem Gespräch über die Weltlage zurück.

Der Weiterweg leitet uns nun im Rücken der Leoninischen Mauer hinab in den großzügig angelegten Englischen Garten. Während der gesamten Führung kommt man immer wieder an kleineren und größeren Brunnen vorbei. Der eindrucksvollste ist sicher der vor der tiefsten Stelle der Leoninischen Mauer liegende Adlerbrunnen. Der steinerne Aar, der ihm den Namen gab, thront auf einer großen Tuffsteingrotte, aus der sich eine Quelle wasserfallartig in einen kleinen, ebenfalls von Tufffelsen umgebenen See ergießt. Der Wasserfall verschafft den Besuchern angenehme Kühle. Und die ist einem sehr willkommen, da man während der Führung durch die Gärten nicht nur eine respektable Wegstrecke, sondern auch, im ständigen Auf und Ab, beachtlich viele Höhenmeter bewältigt hat.

Unter dem Wäldchen, das den Englischen Garten abschließt, steht das schönste der vielen Gartenbauwerke, die Casina Pius' IV. Casina heißt Häuschen; aber was wir hier vor uns sehen, ist ein richtiggehendes kleines Sommerschloss. Das Hauptgebäude selbst, der Pavillon gegenüber, eine Loggia und ein Nymphäum (ein kleines Museum antiker Statuen) gruppieren sich um einen elliptischen Platz. Pius IV., der das bezaubernde Ensemble 1553 in Auftrag gab, nutzte die Casina übrigens auch als Jagdhaus, woraus unschwer zu schließen ist, dass die Vatikanischen Gärten zu dieser Zeit noch ganz anders ausgesehen haben – jenseits der Parkwiesen begann gleich die Wildnis.

Der Papst als Jäger: So etwas mag man sich mittlerweile gar nicht mehr vorstellen. Statt Hörnerklang und Hundegebell sind in diesem kleinen Schloss heute kultivierte Gelehrtendebatten zu hören: Die Casina beherbergt die Päpstlichen Akademien der Naturwissenschaften und der Sozialwissenschaften. Beide Institutionen fungieren als weltliche Beratungsgremien des Papstes; deren Mitglieder, hochrangige Wissenschaftler aus aller Welt, halten hier ihre Zusammenkünfte ab.

Jenseits der großen Autostraße, die die Gärten von der Peterskirche und den Papstpalästen trennt, sieht man von der Casina aus auf die Rückseite des Gebäudes, das die Vatikanische Bibliothek – nicht nur die älteste, sondern auch eine der größten und renommiertesten der Welt – und, im Erdgeschoss, das Päpstliche Geheimarchiv beherbergt. So geheim, wie sein Name es glauben macht, ist das Archiv keineswegs. Hier hinein wie in die Bibliothek kommt man dennoch nicht so leicht wie in die Vatikanischen Gärten; man braucht dazu einen Forschungsauftrag oder einen sonstigen Nachweis seines wissenschaftlichen Interesses.

Falls dennoch jemandem der Sinn nach extravaganten Privaterkundungen stehen sollte: Die Gartenführer achten am Ende der Besichtigungstour diskret, aber sorgfältig darauf, dass die Besuchergruppen das Gelände des Vatikanstaats wieder geschlossen verlassen.

Neugierig bleiben wir trotzdem. Doch bevor wir uns nun wirklich ins Innere des Vatikans wagen, versuchen wir es einmal mit dem Gegenteil: Wir brechen zu einem Spaziergang auf, der uns außen um den Vatikan herumführen wird.

Immer an der Wand lang

Ein Rundweg im Schatten der vatikanischen Mauern

Nicht einmal eine Stunde dauert es, den Vatikan zu Fuß zu umrunden. Vom Petersplatz aus folgt man dabei zunächst den Schildern zu den Vatikanischen Museen und bleibt von da an auf dem Viale Vaticano, der einen – immer an den Mauern entlang – in einem großen Bogen um die Vatikanischen Gärten herumleitet. Die kleine Tour fördert die Fitness (schließlich besteigt man in ihrem Verlauf den Vatikanischen Hügel) und konfrontiert den Wanderer eindrucksvoll mit atmosphärischen Kontrasten, wie sie für die Großstadt Rom typisch sind: Erst die bunte und laute Betriebsamkeit um die Piazza del Risorgimento im Nordosten der Peterskirche, wo die vatikanischen Touristenströme sich mit dem Alltagspublikum der hier einmündenden Einkaufsboulevards mischen – und dann, nur ein paar Minuten später, die fast ländliche Stille über den kleinen Wiesengrundstücken auf der Kuppe des Hügels.

Blicke ins Innere der Vatikanstadt erlaubt dieser Rundweg allerdings nicht: Die hohen Mauern senken sich erst da, wo sich der Viale Vaticano überraschend von ihnen abwendet, um in einer engen steilen Rechtskurve in die Via Benedetto XIV. überzugehen. Die Straße weicht hier dem Viadukt aus, über den die vatikanische Eisenbahnlinie die große Via Aurelia überquert.

Wie bitte? Die vatikanische Eisenbahnlinie? O ja, der Kleinstaat betreibt eine eigene Eisenbahn. Und rein mathematisch, nämlich am Verhältnis von Staatsfläche zu Schienenkilometern gemessen, besitzt er das dichteste Eisenbahnnetz der Welt. In absoluten Zahlen ausgedrückt besteht dieses Netz dabei nur aus exakt 624,5 Gleismetern, die noch dazu nicht sehr häufig benutzt werden.

Die vatikanische Bahnlinie beginnt kurz hinter dem kleinen Bahnhof San Pietro (an der Via della Stazione di San Pietro), den man weder mit dem Bahnhof des Vatikans verwechseln sollte noch mit der viel bekannteren gleichnamigen Station der Metrolinie A: die liegt im Norden, also auf der anderen Seite des Vatikans, und trägt die Bezeichnung »San Pietro« eigentlich nur als Zweitnamen und den Touristen zuliebe, die sich aber dann furchtbar wundern, wenn sie den Metrobahnhof verlassen und sich statt auf dem Petersplatz im regen Großstadtgewusel der Via Ottaviano wiederfinden. »Ottaviano« nennen die Römer selbst diese Metrostation, und dies zu Recht: Bis zum Petersplatz steht einem von hier aus ein guter Kilometer Fußmarsch bevor.

Der eigentliche Bahnhof San Pietro ist eine Station der Regionallinien Roma–Viterbo (FR 3) und Roma–Civitavecchia (FR 5) der staatlichen italienischen Eisenbahn.

Als innerstädtisches Transportmittel interessant ist – eine Alternative zur stets überfüllten Metro – vor allem die Linie FR 5. Deren Züge fahren vom römischen Hauptbahnhof Termini aus im Halbstundentakt in Richtung Civitavecchia, manchmal nur bis Cerveteri-Ladispoli, aber in jedem Fall bis San Pietro.

Auch auf dem Schienenweg kommt man also in die Nähe des Vatikans, doch leider nicht hinein: Die von hier abzweigenden Gleise der Vatikan-Eisenbahn sind für den öffentlichen Verkehr gesperrt. Der einzige Personenzug, der hier fahren darf, ist der Sonderzug des Papstes, den dieser allerdings so gut wie nie in Anspruch nimmt. Zum bislang letzten Mal war das 2002 der Fall, als Johannes Paul II. direkt aus dem Vatikan zum Weltgebetstreffen nach Assisi reiste.

Malerisches Unkraut zwischen den Bahnschwellen gedeiht dennoch nur in der blühenden Phantasie mancher gedruckten Reiseführer. Die vatikanischen Reinigungsbeauftragten, die die Straßen, Plätze und Wege des Vatikans blitzsauber zu halten gewohnt sind, leisten auch auf der kurzen Bahntrasse ganze Arbeit. Und das vatikanische Bahnhofsgebäude, 1932 im Stil der Neoklassik aus hellem Travertinmarmor errichtet, könnte man ohnehin die schönste Eisenbahnstation der Welt nennen, wenn es nicht mittlerweile seinem ursprünglichen Zweck entfremdet und zum Kaufhaus für Textilien, Tabak, Schmuck und Uhren umfunktioniert worden wäre, allerdings zu einem der edelsten Textilkaufhäuser der Welt. »Nicht einmal Harrod's ist schöner!«, sagte uns einmal der bei Radio Vatikan arbeitende Theologiestudent Ludwig Waldmüller.

Lust auf einen Einkaufsbummel? Daraus wird, wir sagen's lieber gleich, ohne sehr gute Beziehungen zu einem Mitarbeiter des Vatikans wohl nichts werden. Und selbst wenn wir gar nichts kaufen wollten, sondern uns – das ließe sich etwas leichter arrangieren – in jenem Einkaufstempel nur einmal genauer umschauen: Von unserem gegenwärtigen Standpunkt am Ende des Viale Vaticano aus gesehen liegt der vorläufig immer noch hinter hohen Mauern.

Gleich links über uns befindet sich der steinerne Torbogen, durch den die Züge die Grenze zum Vatikan überqueren – doch den Blick darauf verdeckt eine offensichtlich gezielt auf die Gleisböschung gepflanzte Baumgruppe. Der Versuch, jene Böschung zu erklimmen, um die Bahngleise als privaten Fußweg in den Vatikan zu benützen, verspräche übrigens nur wenig Erfolg. Gleise wie Tor sind gut abgesichert und werden Tag und Nacht streng überwacht – hier, vor den Mauern, nicht von der vatikanischen Gendarmerie, sondern von der italienischen Polizei (und deren Videokameras). Eindringlinge hätten deshalb allenfalls die Aussicht, in einer römischen Arrestzelle zu landen.

Deutlich niedriger wäre die Gefahr, beim illegalen Grenzübertritt auf den Schienen der Vatikanbahn von einem Zug zermalmt zu werden. Zwar sorgt das Kaufhaus drüben im alten Bahnhof – ähnlich wie die Annona, der vatikanische Supermarkt – dafür, dass die Gleise des Kleinstaats wenigstens von Güterwagen befahren werden. Sie transportieren einen Teil der Waren, die in den Läden zollfrei verkauft werden. Doch diese Transportzüge sind allenfalls ein- bis zweimal am Tag unterwegs.

So bleibt es dabei: Die Hoffnung, irgendwo einen inoffiziellen »Durchschlupf« in den Vatikan zu entdecken, hat sich auf unserem Hügelrundgang definitiv zerschlagen. Wer da hinein will, muss sich wohl oder übel an die dafür vorgesehenen Eingänge halten. Einen von ihnen erreichen wir, wenn wir den Eisenbahnviadukt mittels zweier Fußgängertreppen unterqueren und so in die nun wieder an den Mauern entlanglaufende Via della Stazione Vaticana gelangen. Noch ein paar Schritte bergab, und wir stehen vor dem am wenigsten prominenten – aber deswegen leider nicht weniger gut bewachten – der Vatikanzugänge: dem Ingresso del Perugino.

Gern wird dieser Eingang von ortskundigen Gästen des vatikanischen Hotels Domus Sanctae Martae benutzt. Nach seinem großzügigen Ausbau im Jahr 1996 verfügt das fünfstöckige Etablissement zwar über 166 recht bequem eingerichtete Suiten, 22 Einzelzimmer und ein Appartement, doch spätestens beim Versuch, sich einen dieser Räume reservieren zu lassen, merkt unsereiner als normaler Sterblicher, dass das Domus Sanctae Martae kein Hotel wie jedes andere ist. Nicht dessen einziger Kunde, aber der einzige Buchungsberechtigte ist der Vatikan selbst, der hier seine besonderen Gäste unterbringt.

Wobei der Begriff »besonderer Gast« in der Praxis recht dehnbar ist: Während einer Papstwahl werden die Zimmer ausschließlich an die Kardinäle des Konklaves verteilt, nach dem Losverfahren übrigens, damit erst gar keine Rangelei über die Frage aufkommt, wem die schönste Suite zusteht und wer sich mit einem bescheidenen Zimmer begnügen muss. In ruhigeren Zeiten, wenn weder eine Papstwahl noch eine Bischofsversammlung und möglichst kein hohes Kirchenfest bevorsteht, haben durchaus auch niederrangige Geistliche, ja manchmal sogar Laien die Chance auf ein Logis im Vatikanhotel – immer vorausgesetzt, der Anlass ihres Besuchs erscheint der Kurie wichtig genug, um als Reservierungsbüro tätig zu werden.

Allerdings muss man nicht immer gleich die Kirchenregierung selbst bemühen, um als Außenstehender den Ingresso del Perugino oder eines der anderen Tore zum Vatikan passieren zu dürfen. Es genügt durchaus, wenn man sich auf ein *appuntamento*, also auf eine Verabredung mit einem oder einer der vielen hier arbeitenden Angestellten berufen kann. Dafür braucht man entweder ein persönliches oder sonst wie wichtiges Anliegen – oder man kennt einen, der einen kennt, der im Vatikan beschäftigt ist.

Katholisch muss man dafür nicht sein, und auch mit Glaubensfragen braucht ein Rendezvous im Vatikan nicht unbedingt etwas zu tun zu haben. Oft ist es schlicht der Beruf des Besuchers, über den sich ein Kontakt herstellen lässt: Wissenschaftler und mit Diplom- oder Doktorarbeiten befasste Studenten könnten die Dienste der Vatikanischen Bibliotheken in Anspruch nehmen wollen, Computerexperten interessieren sich bestimmt für die technischen Hintergründe des in den letzten Jahren rasch gewachsenen vatikanischen Netzwerks, Juristen werden jederzeit ein Thema finden, über das sie sich mit einem Kirchenrechtler unterhalten wollen, und für Handwerker, seien es Zimmerer, Schreiner, Schneider oder Goldschmiede, bieten die vielen Werkstätten des Vatikans ohnehin eine nahezu schlaraffenlandartige Fundgrube der Anregung. Gar nicht zu reden brauchen wir dabei von jenen Berufsgruppen, die hier, nach den Theologen natürlich, das leichteste Spiel haben: all jene, die theoretisch oder praktisch etwas mit Kunst im weitesten Sinn zu tun haben.

Wer eine der vielen Möglichkeiten zu einem Arbeits- oder Informationsbesuch im Vatikan nutzt, wird danach nicht nur vom Kirchenstaat selbst beeindruckt sein, sondern auch von den ebenso ungewöhnlichen wie alles in allem fast anachronistisch angenehmen Arbeitsbedingungen, die das Leben im Vatikan prägen. Bevor wir uns also dem Papst selbst und den hohen Würdenträgern zuwenden, sollten wir diese Alltags- und Arbeitswelt des Kirchenstaats etwas genauer ins Auge fassen.

Von himmlischer Arbeit und irdischem Lohn

Aus mehr als einem guten Grund gehört der Kirchenstaat zu Italiens begehrtesten Arbeitgebern

Den Wachdienst am Ingresso del Perugino leitet Giovanni Piga, Dottore Giovanni Piga genauer gesagt – und der »Dottore« ist in diesem Fall kein Ehrentitel, wie ihn römische Kellner oder Ladeninhaber ihren Kunden gern verleihen, sondern ein ordnungsgemäß erworbener akademischer Grad: Die vielen Abend- und Nachtdienste an der Pforte des Kirchenstaats hat Giovanni erfolgreich für ein langjähriges Fernstudium der Rechtswissenschaften zu nutzen gewusst.

Wenn er wollte, könnte Dr. Piga nun dem Vatikan Lebewohl sagen und sich den Advokatentalar überstreifen oder in der freien Wirtschaft als Jurist tätig werden. Dass er dennoch nicht daran denkt, seinen Posten hier zu räumen, hat verschiedene Gründe – aber einen ganz sicher nicht: sein gegenwärtiges Einkommen. Das nämlich beträgt gerade mal gute 1800 Euro und liegt damit ungefähr im Mittelfeld der Spannbreite vatikanischer Gehälter, die beim Mindestlohn von 1200 Euro beginnt und bei 2600 Euro für Angestellte in Führungspositionen schon wieder aufhört. Mehr verdienen allenfalls die Kurienkardinäle, doch selbst für sie ist mit circa 3500 Euro das absolute Ende der Gehaltsskala erreicht.

Und der Papst? O ja, der hat auch in diesem Punkt eine Sonderstellung: Er erhält, als Einziger im Vatikan, keinen einzigen Cent für seine Arbeit. Wie niedrig die Gehälter im Vatikan also sein mögen: Es gibt, einschließlich der wenigen noch rein sozialistisch regierten Länder, keinen Staat, in dem die Löhne und Einkommen sozial derart gerecht verteilt wären. Das, findet Giovanni Piga, sei zweifellos ein Vorzug des Vatikans als Arbeitsplatz. Ein sehr viel handfesterer ist: Im Vatikan gibt es keine Einkommensteuern, ja mehr noch: Es gibt überhaupt keine Steuern, keine Zölle, keine sonstigen Abgaben an den Staat.

Ist der Vatikan also das perfekte Steuerparadies auf Erden? An Versuchen, das so zu sehen und davon nach Kräften zu profitieren, haben es (wie wir noch sehen werden) Finanzbanker und Finanzganoven keineswegs fehlen lassen. Doch mittlerweile gilt hier das Gleiche wie fürs himmlische Paradies: Seine Vorzüge bleiben strikt auf diejenigen beschränkt, denen es gelungen ist, als vatikanische Staatsbürger oder als Bedienstete des Kirchenstaats Aufnahme zu finden. Wobei der Vatikan kurioserweise sehr viel mehr Angestellte als Einwohner hat. Das liegt zum einen daran, dass die vatikanische Staatsbürgerschaft nur wenigen Menschen verliehen wird; zum anderen bleibt sie, selbst wenn sie durch Geburt erworben ist, immer an die jeweilige Funktion des Betreffenden (oder seiner Familienangehörigen) gebunden und auf die Zeit befristet, in der er oder sie sich auf Dauer im Vatikan aufhält.

Vatikanische Bürger sind nach diesen Regeln außer dem Papst, den Kurienkardinälen und ihren Mitarbeiterinnen und Mitarbeitern sowie allen in Rom lebenden Kardinälen die Mitglieder der Schweizergarde. Alle übrigen Angestellten des Vatikans – und das sind, rechnet man die in den exterritorialen Teilen des Kirchenstaats Arbeitenden mit dazu, immerhin mehr als 3600, profitieren von der Steuerfreiheit des Vatikans, ohne zu dessen Staatsbürgern zu zählen.

Unter den gut 1300 Bediensteten des für die weltlichen Belange des Vatikanstaats zuständigen Governatorato befinden sich gerade mal 70 Priester oder Nonnen; alle anderen sind – oft weibliche – Laien; die Zahl der hier beschäftigten Frauen nimmt seit Jahren kontinuierlich zu. Zu den Angestellten der Kirchenstaatsverwaltung zählen neben zahlreichen Nichtkatholiken sogar einige Muslime; denn überraschenderweise ist der römisch-katholische Glaube keine unbedingte Einstellungsvoraussetzung.

Das gilt übrigens nicht nur für Hilfs- und Handlangerberufe; Radio Vatikan beschäftigt derzeit eine evangelische und eine anglikanische Mitarbeiterin – und Papst Benedikt XVI. selbst lässt seine (in der Regel italienisch geschriebenen) Reden von der evangelischen Übersetzerin Sigrid Spath ins Deutsche übertragen. Kaum zu glauben, aber wahr: Fast alle deutschen Zitate aus Ansprachen und Referaten des Papstes, die uns erreichen, sind nicht vom deutschen Papst Benedikt XVI. endgültig formuliert, sondern von einer Frau, die sich zum evangelischen Glauben bekennt.

Obwohl der Vatikan also längst nicht mehr wie ein katholisches Männerghetto wirkt – ein Arbeitsplatz wie jeder andere ist der Kirchenstaat dennoch nicht. Neue Angestellte merken das spätestens dann, wenn sie bei Dienstbeginn statt eines Vertrags eine Ernennungsurkunde ausgehändigt bekommen. Soll heißen: Auch auf einem so irdischen Sektor wie dem des Arbeitsrechts wird hoheitlich gedacht und gehandelt. Ihre Interessen zu vertreten ist für die Angestellten unter solchen Umständen nicht eben leicht. Geistliche mögen sich, falls sie über Überlastung klagen, mit einem mehr oder weniger väterlichen Hinweis auf ihr Weihegelübde begnügen müssen, das sie zum Gehorsam und zur Selbsthingabe im Dienst der Kirche verpflichtet. Laien hingegen entwickeln da leicht andere Vorstellungen – und zur Not die nötige Tatkraft, um sie deutlich zu artikulieren.

Streiks? Demonstrationen? So etwas sei im Vatikan einfach nicht üblich, belehrte die Verwaltung des Kirchenstaats noch 1981 ihre Angestellten, als die schlicht »weniger Arbeit und mehr Lohn« forderten – und statt einer Demo halt eine »Schweigeprozession« organisierten. Die Aktion hatte Erfolg, vielleicht auch, weil der oberste Dienstherr einst in Polen als Freund der katholischen Gewerkschaft Solidarność aufgefallen war. Papst Johannes Paul II. jedenfalls setzte sich damals für die Gründung einer »Arbeitnehmervereinigung der Laien im Vatikan« ein, die alsbald die Einführung der 36-Stunden-Woche erreichte.

Eine echte, zum Führen von Tarifverhandlungen berechtigte Gewerkschaft ist diese Vereinigung allerdings nicht. Wobei eine Gewerkschaft im Vatikan, genau genommen, wenig Sinn machen würde ohne ihr Gegenstück, einen Arbeitgeberverband. Es gibt keine Privatunternehmen, keine Handelsketten und nicht einmal privat betriebenen Einzelhandel im Vatikan. Einziger Arbeitgeber ist der, der zugleich fürs Wohlergehen aller Bürger verantwortlich ist: eben der Vatikanstaat. Ob er diese Verantwortung seinen Angestellten gegenüber gewissenhaft genug ausübt, ist freilich eine andere Frage, eine, die sich auch durch das Bekenntnis des Arbeitgebers zum katholischen Glauben keineswegs von selbst erledigt. Sprecher der vatikanischen Angestellten haben gelegentlich (und externe Vatikankritiker sehr häufig) darauf hingewiesen, dass der Staat des Papstes sich mitunter recht schwertut, die arbeiter- und angestelltenfreundlichen Forderungen der katholischen Soziallehre in die eigene Praxis umzusetzen.

Wovon allerdings jede Gewerkschaft nur träumen könnte, ist das vatikanische Kündigungsrecht. Es basiert auf der paternalistischen Idee, wonach jeder, der hier arbeitet, im Grunde dem Papst dabei hilft, sein Amt als guter Hirte der Kirche auszuüben. Anders gesagt: Die Tätigkeit jedes einzelnen Angestellten, vom Gärtner bis zum Kurienkardinal, gilt selbst als Teil des päpstlichen Amtes – und kann daher nicht einfach mit einer profanen Kündigung oder gar per Rausschmiss beendet werden. Nötig wäre stattdessen ein förmliches, an viele Bedingungen und Regeln geknüpftes Amtsenthebungsverfahren, eine Prozedur, vor der Vorgesetzte, außer in ganz drastischen Fällen, durchaus zurückschrecken. Lieber versuchen sie es im Guten.

Auch darüber hinaus können die vatikanischen Arbeitsbedingungen so schlecht nicht sein: Es gibt nach wie vor einen heftigen Run auf offene Stellen. Das hat wohl nicht zuletzt darin seinen Grund, dass die Arbeitszeiten – wie so vieles im Vatikan – zwar einigermaßen skurril, aber im Endeffekt sehr human sind: 36 Wochenstunden, in der Regel, verteilen sich auf fünfeinhalb Tage. Und die Tatsache, dass man im Vatikan auch am Samstagvormittag arbeitet (oder jedenfalls im Büro vorbeischaut), wird mehr als kompensiert durch die Arbeitszeit an den anderen Wochentagen: Die reicht gerade mal von acht Uhr früh bis 14 Uhr; an Dienstagen und Donnerstagen beginnt die Siesta zwischen zwölf und ein Uhr mittags, dafür kommt dann eine kurze Spätnachmittagsschicht dazu. Obendrein hält der vatikanische Feiertagskalender eine höchst angenehme Anzahl von arbeitsfreien Tagen bereit.

Von alledem abgesehen: Es ist, siehe die späte Juristenkarriere des Dr. Piga, kein großes Geheimnis, dass Vatikanbedienstete während der Arbeitsstunden oft Zeit und Gelegenheit zur individuellen Selbstverwirklichung finden. Dass keiner gezwungen wird, dem Dienst an der Kirche sein persönliches Wohlergehen zu opfern, ist den Vorgesetzten bis hinauf zum Papst nie verborgen geblieben. Bis heute kursiert die Antwort Papst Johannes XXIII. auf die Frage eines amerikanischen Journalisten, wie viele Menschen denn im Vatikan arbeiteten: »Wenn es gut geht, die Hälfte.«

Italiener, vielleicht auch Polen, mögen so etwas nicht

nur menschenwürdig, sondern ganz normal finden. Doch was, wenn der Papst aus Deutschland kommt, wo sie (wenn auch, genau besehen, vor allem unter lutherischem Einfluss) die Arbeitsmoral erfunden haben? Anders als sein Vorgänger Johannes Paul II., der zugunsten seiner vielfältigen diplomatischen Aktivitäten die Zügel im Vatikan eher schleifen ließ, galt der durch seine langjährige Tätigkeit an der Spitze der Glaubenskongregation mit dem vatikanischen Arbeitsalltag bestens vertraute Benedikt XVI. von Anfang an als Mann, der sich mit dem Schlendrian im Kirchenstaat keineswegs zu arrangieren gedachte.

Die Insider zitterten also. Und waren dann auch wenig überrascht, als der nach dem Papst höchste Mann im Vatikan, der (seinerseits neu ernannte) Kardinalstaatssekretär Tarcisio Bertone, die Einführung eines ab 2008 geltenden Prämiensystems bekannt gab, mit dessen Hilfe die vatikanische Arbeitswelt an die Bedingungen einer modernen Leistungsgesellschaft herangeführt werden soll.

So weit die schlechte Nachricht, jedenfalls aus Sicht der Vatikanangestellten. Die gute ist: Auch in dieser Hinsicht wird im Vatikan nichts so heiß gegessen, wie es gekocht wurde. Nach einem Jahr, also bei Drucklegung dieses Buches, fällt das vorläufige Fazit ziemlich beruhigend aus: Keiner verdient weniger als vor der Einführung des neuen Systems; und um in den Genuss der Zusatzprämien (bis zu zehn Prozent des Grundgehalts) zu kommen, muss im Vatikan nach wie vor niemand ein Infarktrisiko auf sich nehmen.

Nichts geändert hat sich an einer weiteren Besonderheit, die es den Angestellten des Papstes ziemlich leicht macht, sich mit ihren relativ niedrigen Nominallöhnen zufriedenzugeben: Pensionsansprüche werden nach einem höchst komfortablen Muster berechnet: Jedes abgeleistete Dienstjahr schlägt nicht etwa mit zwölf, sondern mit 16 Monaten zu Buche.

Darüber hinaus profitieren die Angestellten von einigen weiteren Vorzügen des Kirchenstaats. Dazu zählen neben den stets kostenlosen Telefongesprächen in die Stadt Rom vor allem das billige Vatikanbenzin. Die Zeiten, in denen über dessen mäßige Qualität gejammert wurde, sind vorbei; heute bezieht der Vatikan seinen Treibstoff wie viele andere italienische Tankstellen vom Staatskonzern Fina. Der Preis beträgt derzeit knapp einen Euro pro Liter. Bei 1800 Litern im Jahr – so viel werden jedem Angestellten zugestanden – lässt sich da leicht ein hübsches Sümmchen ersparen.

Die Tankstelle des Vatikans dürfen Außenstehende natürlich nicht benutzen. »Besichtigen« dagegen lässt sie sich relativ leicht: Sie befindet sich auf der Piazza San Marta, von der die Führungen durch die Gärten ihren Ausgang nehmen. Daneben betreibt der Vatikan drei weitere Tankstellen außerhalb seiner Mauern: die Urbaniana (die »Städtische«) nahe der großen katholischen Universität Ambrosiana, eine auf dem Laterangelände und eine im extraterritorialen Gebiet von San Callisto.

Häufig in Anspruch genommen wird auch der FAS (Fondo Assistenza Sanitaria), eine – nach sozialistischem Muster! – errichtete Poliklinik, in der die Patienten von exzellenten Fachärzten betreut werden. Kosten tut das für Vatikanbedienstete nichts; die pauschale Krankenversicherung wird automatisch vom Lohn abgezogen – was sich angesichts einer durchschnittlichen Beitragshöhe von 100 Euro leicht verschmerzen lässt. Zudem ist die Familie stets mitversichert: Wenn Frauen, Töchter oder Söhne medizinische Hilfe nötig haben, steht der FAS ihnen zur Verfügung.

Sehr gern nutzen die Angestellten des Kirchenstaats und ihre Familien zudem die wunderbaren steuerfreien Einkaufsmöglichkeiten im bereits beschriebenen Modekaufhaus, in der Apotheke und natürlich im vatikanischen Supermarkt, der Annona. Annona wie Apotheke findet man im kleinen Wohn- und Geschäftsviertel jenseits der Peterskirche. Wer dorthin will, benutzt aber nicht den abgelegenen Ingresso del Perugino, sondern die Porta Sant'Anna. Um zu diesem am häufigsten frequentierten aller Vatikanzugänge zu gelangen, bringen wir erst das letzte Stück unseres Mauerrundgangs hinter uns und kehren zunächst noch einmal zurück auf den Petersplatz.

Der Weltstaat als Dorf

Hinter der Porta Sant'Anna spielt sich ein großer Teil des vatikanischen Alltags ab

Auf der rechten Seite der Peterskirche, unmittelbar am Beginn der Kolonnadenreihe, liegt der Portone di Bronzo, das Bronzeportal: der offizielle Eingang in den Apostolischen Palast, also in das nach der Peterskirche wichtigste Gebäude des Kirchenstaats. Gewöhnlichen Sterblichen, sofern sie nicht geladene Gäste einer päpstlichen Privataudienz sind, bleibt der Zutritt normalerweise verwehrt.

Wie nahezu alle Regeln des Vatikans hat auch diese eine Ausnahme: Wann und wie man hier als Normalsterblicher hineinkommt, haben wir schon im Petersplatz-Kapitel beschrieben.

Diesmal begnügen wir uns mit einem Blick durchs Bronzeportal – wenn wir ein bisschen Glück haben, steht es offen – und wandern dann entlang der unmittelbar neben den vatikanischen Mauern nordwärts ziehenden

Via di Porta Angelica zum gleichnamigen Tor, das allerdings noch einen zweiten (und im innervatikanischen Sprachgebrauch sehr viel häufiger verwendeten Namen) trägt: Porta Sant'Anna.

Ginge man noch weiter der Mauer entlang, stieße man auf zwei weitere Tore. Bei der Piazza del Risorgimento, wo sich die Mauer nach links wendet, liegt die erst 2006 eröffnete Porta di Santa Rosa; und nach weiteren 500 Metern erreicht man schließlich die Tore der Vatikanischen Museen. Zum Eintritt in die Vatikanstadt eignen sich indes beide nicht: Die theoretisch zahlreichen Hinterausgänge aus den Museen aufs angrenzende vatikanische Gelände sind allesamt versperrt oder doch streng bewacht, und die nur am Nachmittag geöffnete Porta di Santa Rosa dient explizit nicht als Ein-, sondern als Ausgang beziehungsweise als Ausfahrt für die Autos der Angestellten und Mitarbeiter, die sich um diese Zeit von den vatikanischen Parkplätzen aus auf den Heimweg machen.

Zurück also zur Porta Sant'Anna. Ganz so unüberwindbar, wie es auf den ersten Blick scheint, ist die Grenze zwischen dem Vatikan und der römischen Außenwelt für unsereinen hier nicht. Wer etwa in die Kirche Santa Anna will, muss nicht die von der vatikanischen Gendarmerie gebildete zweite (und strengere) Torwache passieren, sondern nur die davor postierte der Schweizergarde. Beteuert man, lediglich die Kirche besuchen zu wollen, drückt der wachhabende Gardist gern ein Auge zu – behält aber das andere durchaus offen für den Fall, dass sich ein Schlauberger beim Verlassen der Kirche nach rechts, Richtung Vatikaninneres, zu wenden versucht statt ordnungsgemäß nach links in Richtung Ausgang.

Eine hübsche Fangfrage wäre übrigens: Wie heißt die Pfarrkirche des Vatikans? Eben nicht Sankt Peter, sondern Sant'Anna oder, wie sie mit vollem Namen heißt, Santa Anna dei Palafrenieri. Ihr Inneres ist durchaus einen Blick wert. Die 1572 von der Bruderschaft der Reitknechte am päpstlichen Hof in Auftrag gegebene Kirche ist ein Werk Giacomo da Vignolas, der nach dem Tod Michelangelos als Bauleiter von St. Peter fungierte. Es ist die erste römische Kirche mit dem Grundriss eines Ovals.

Gleich links hinter der Porta Sant'Anna, auch von außerhalb der Sperrgitter gut zu sehen, erhebt sich die Kaserne der Schweizergarde. In der wohnen nicht nur die Gardisten, sondern ebenso deren Familien – sofern sie welche haben. Die bestens ausgestatteten Familienwohnungen befinden sich im oberen Teil des Gebäudes, in Rufweite der schräg gegenüberliegenden päpstlichen Privatwohnung übrigens. Über das auf der Dachterrasse der Gardekaserne zuweilen ertönende Kindergeschrei, sagt die Ehefrau eines Gardeoffiziers, habe sich der Papst noch nie beschwert.

Solch eine privilegierte Wohnung bekommen freilich nur wenige Schweizer zugewiesen. Um heiraten zu können, muss ein Gardist mindestens 25 Jahre alt sein, drei Jahre gedient und sich zu drei weiteren Dienstjahren verpflichtet sowie mindestens den Grad eines Korporals – so heißt bei der Garde der untere der beiden Unteroffiziersränge – erreicht haben: Ganz schön viele Bedingungen also von Seiten einer Institution, die ständig die große Bedeutung der Ehe preist...

Nicht verheiratete Gardisten werden zu Beginn in Schlafsälen untergebracht und später zu zweit und zu dritt in einfachen Kasernenzimmern. Trotz solch spartanischer Lebensbedingungen finden sich immer wieder genug junge Männer, die als Wachsoldaten in die Dienste des Papstes zu treten bereit sind.

Gern wird die Schweizergarde zur »Armee« des Vatikans hochstilisiert. Dabei stimmt das nicht einmal aus historischer Sicht. Seit ihrer Gründung durch Julius II. im Jahr 1506 – Soldaten aus der Schweiz galten damals als hervorragende Söldner – war die Garde vielmehr ausdrücklich als päpstliche Leibwache gedacht: Die Schweizer waren die Bodyguards des Papstes. Wie sehr das Kirchenoberhaupt damals auf deren Schutz angewiesen war, zeigte sich rasch: Als die Truppen des deutschen Kaisers Karl V. am 6. Mai 1527 (beim Sacco di Roma) plündernd und mordend in Rom einzogen, waren es die Schweizergardisten, die dem Papst das Leben retteten – und dabei zum großen Teil ihr eigenes verloren. Seither ist der 6. Mai der Ehrentag der Garde, an dem alljährlich die Vereidigung der neuen Rekruten stattfindet – ein Spektakel, das traditionsgemäß im Damasushof des päpstlichen Palastes zelebriert wird.

Um in die Schar dieser Rekruten aufgenommen zu werden, muss man nach wie vor katholischer Schweizer Staatsbürger sein. Bis vor Kurzem waren nur Bewohner der deutschsprachigen Kantone zugelassen, doch mittlerweile sind auch Französisch oder Italienisch sprechende Schweizer willkommen. Wer diese Voraussetzungen erfüllt, hat übrigens die Chance, das Leben im Vatikan während einer »Schnupperwoche« als Probegardist kennenzulernen.

Die farbenprächtigen Uniformen der Schweizergarde

wurden übrigens nicht, wie eine bis heute hartnäckig wiederkehrende Legende (und mit ihr natürlich der notorisch schiefliegende »Illuminati«-Autor Dan Brown) behauptet, von Michelangelo konzipiert. Ihr heutiges, an Uniformen des 16. Jahrhunderts angelehntes Design wurde erst 1914 entworfen. Zwei weitere Vatikangarden, deren Uniformenprunk allerdings im umgekehrten Verhältnis zu ihrer wirklichen Bedeutung stand, hat der allem Prunk abholde Papst Paul VI. 1970 aufgelöst: die aus Mitgliedern der sogenannten schwarzen Aristokratie Italiens zusammengesetzte Nobelgarde und die Palatinische Garde.

Natürlich reduziert sich die Tätigkeit der Schweizergardisten nicht auf den Wachdienst an den Vatikanzugängen und aufs mehr oder weniger dekorative Herumstehen bei Audienzen, Papstmessen und anderen repräsentativen Anlässen. Als eine Art Hauspolizei ist die Garde auch für die Sicherheit der päpstlichen Residenz und für den Schutz des Heiligen Vaters auf Reisen zuständig. Ausgerüstet ist sie dafür mit einer ansehnlichen Waffensammlung; die ebenfalls in der Gardekaserne untergebrachte *armeria*, also die Waffenkammer, enthält neben den modernen Gewehren Schweizer Fabrikation (und einer Serie von Pfeffersspraykartuschen) eine ansehnliche Reihe historischer Handfeuerwaffen. Dennoch freut sich der Vatikan darüber, dass innerhalb seiner Mauern, abgesehen von den regelmäßigen Schießübungen der Garde, seit Jahrhunderten kein einziger Schuss mehr gefallen ist.

Ständig in Betrieb ist das auf automatische Kameras gestützte vatikanische Überwachungssystem. Cavaliere d'Amico, der Chef der unweit der Gardekaserne untergebrachten Sicherheitszentrale *sala operativa*, begreift seinen Auftrag fromm als Dienst am Herrn. Übrigens gehört der Cavaliere nicht der Schweizergarde an, sondern dem viel weniger prominenten Gendarmeriekorps. Die Vatikangendarmen teilen sich mit der Garde die Sorge um die Sicherheit im Kirchenstaat; überdies sind sie zuständig für alle im Alltag des Vatikans anfallenden ordnungspolizeilichen Maßnahmen, beispielsweise für die Erteilung von Strafzetteln für Falschparken oder zu schnelles Fahren. Beides kommt auch im Vatikan nicht selten vor – kein Wunder angesichts der ständigen Parkplatzknappheit und einer vorgeschriebenen Höchstgeschwindigkeit von 30 Stundenkilometern.

Kommt es doch einmal zu Verstößen, schützt selbst ein noch so eindrucksvoller Kardinalspurpur den ertappten Sünder nicht vor irdischer Strafe: Die Gendarmen sind stolz darauf, keine Unterschiede in Rang und Namen zu machen. Ob das im Fall des Falles auch für den Papst gelten würde, wird sich vorläufig kaum herausfinden lassen: Benedikt XVI. fährt nicht selbst Auto, sondern lässt sich in Rom wie überall auf der Welt von seinem Fahrer Pietro Cicchetta chauffieren. Solange der Papst daheim ist, betreut Cicchetta liebevoll dessen stattlichen Wagenpark in der päpstlichen Garage neben dem Supermarkt.

Weil wir gerade dabei sind: Im Vatikan gibt es zwei Autokennzeichen; CV (Città del Vaticano) für alle, die regelmäßig im Vatikan arbeiten, sowie das exklusive SCV (Stato della Città del Vaticano) für die wenigen echten vatikanischen Staatsbürger; das Kennzeichen des Papstes ist natürlich SCV-1. Angesichts manch eindrucksvoller Kardinalslimousine interpretieren der römische wie der vatikanische Volksmund das SCV gern als Anfangsbuchstaben des Ausrufs »Se Cristo vedesse«. Das bedeutet »Wenn Christus das sähe...« – und was dann passierte, wird aus der Umkehrung VCS abgeleitet: »Vi cacciarebbe subito«: »...würde er euch auf der Stelle davonjagen«.

Die Gendarmerie ist auch für die zahlreichen über die Stadt Rom verstreuten exterritorialen Vatikangebiete zuständig: Wählt man von dort aus die Notrufnummer 112, meldet sich der *vigilio*, der Wachdienst der Vatikangendarmerie – um dann gegebenenfalls mit der römischen Polizei zusammenzuarbeiten. Für den rein juristisch zum inneren vatikanischen Staatsgebiet gehörenden Petersplatz (und seine zahlreichen Taschendiebe) hat man aus praktischen Gründen eine dritte Lösung gefunden: Hier amtiert die italienische Polizei allein, aber im offiziellen Auftrag des Vatikans.

Die in der Regel mit automatischen Pistolen der italienischen Renommiermarke Beretta bewaffneten Vatikangendarmen tragen eine einfache dunkelblaue Uniform und eine gleichfarbige Schirmmütze. Daneben besitzen sie eine prachtvolle Galauniform, die sie allerdings, ein wenig zu ihrem Schmerz, nur bei allerhöchsten Anlässen zur Schau stellen dürfen. Das gibt hie und da durchaus Anlass zur Eifersucht auf die Schweizergarde; ohnehin ist es, auch wegen mancher Kompetenzüberschneidung, um das Verhältnis der beiden Sicherheitsorgane zueinander nicht immer zum Besten bestellt. Immerhin darf sich die Gendarmerie damit trösten, dass sie in die Leitung der in jüngster Zeit gegründeten Unità Antisabotaggio, der vatikanischen Antiterroreinheit, federführend eingebunden worden ist.

So martialisch das Wort Antiterroreinheit auch klingt: Der Vatikan wirkt keineswegs wie das perfekte Hochsicherheitsghetto, als das ihn Phantasten wie der Bestsellerautor Dan Brown ausgeben: »Jeder Eingang ist mit der fortschrittlichsten Detektortechnologie ausgestattet, die es gibt. Falls jemand versuchen sollte, den Vatikan mit Sprengstoff zu betreten, würde er augenblicklich entdeckt. Wir verfügen über Isotopenscanner, Geruchsscanner... Darüber hinaus setzen wir die modernsten Metalldetektoren und Röntgenapparate ein, die es auf dem Markt gibt.«

Wüßte man es nicht ohnehin besser, würde man die Aufschneiderei hier allein an der Sprache erkennen. In Wahrheit gibt sich der Vatikan in punkto Sicherheit oft geradezu verblüffend entspannt. Während zum Beispiel vor dem Besuch der Peterskirche die Taschenkontrolle mittlerweile obligatorisch ist, hat noch nie jemand unsere Taschen durchsucht oder mitgeführte Geräte kontrolliert, wenn wir einen der Zugänge zur Vatikanstadt passierten. Und als wir einmal während eines Spaziergangs auf eine vielleicht von einer Kamera, aber ansonsten unbewachte Aufzugstür stießen und einen vorübereilenden Monsignore fragten, wohin der Lift denn führe, erhielten wir die gelassene Antwort: »Direkt in die Wohnung des Papstes – wenn Sie den Aufzug benutzen wollen, sollten Sie aber schon angemeldet sein.«

Nebenbei: Für sämtliche Notdienste wie Feuerwehr, Erste Hilfe und so weiter sind ebenfalls eigene vatikanische Stellen zuständig – und erst recht für so stinknormale kommunale Aufgaben wie Straßenreinigung oder Müllabfuhr. Selbstverständlich existiert ein vatikanisches Standesamt, das nicht nur Geburten und Todesfälle registriert, sondern auch – schon damit es mit den Geburten seine katholische Ordnung hat – Trauungen vornimmt. Potenzielle Kunden dafür gibt es durchaus: Schweizergardisten zum Beispiel oder andere Angestellte.

Während Außenstehende diese Dienste eher selten in Anspruch nehmen, verhält es sich bei einer der populärsten Institutionen genau umgekehrt: Die vatikanische Post gilt seit jeher, ganz anders als die italienische, als derart zuverlässig, dass viele Römer ihre Briefe lieber dort aufgeben als bei einer der staatlichen Postfilialen. Das Hauptpostamt des Kirchenstaats liegt rechts der Via del Belvedere; man erreicht es, wenn man nach Durchschreiten der Porta Sant'Anna auf dieser meist rege belebten »Hauptstraße« des Vatikandorfs ungefähr 60 Meter geradeaus geht.

Jahrzehntelang war deshalb die Mitteilung, man müsse mal eben zur Post, der beliebteste Türöffner, um ins Innere der Vatikanstadt zu gelangen. Wer es heute mit dieser Parole versucht, hat allerdings Pech: Der amtierende Schweizergardist wird ihn freundlich darauf hinweisen, dass die Vatikanpost ihren öffentlichen Publikumsverkehr mittlerweile über ihre Filiale an der linken Seite des Petersplatzes abwickelt. Auch die Philatelisten, bei denen die (obendrein meist sehr schönen) Briefmarken und Sonderstempel des Kirchenstaats seit je hoch im Kurs stehen, werden nun dort bedient.

Angesichts dieser Außenaktivitäten wird die Bedeutung der Post für innervatikanische Kommunikation leicht unterschätzt. Doch natürlich haben auch hier Internetzugang und Mailbox Einzug gehalten. Geleitet wird die elektronische Vernetzung des Kirchenstaats übrigens, uns wundert es schon nicht mehr, von einer Frau: Die amerikanische Franziskanerin Judith Zoebelein koordiniert als Leiterin der Internetzentrale des Vatikans dessen Web-Auftritte (die Seite www.vatican.va verzeichnet weit über zehn Millionen Zugriffe täglich) – und weiht nebenbei auch einmal einen Kardinal in die Geheimnisse des Mausklicks ein.

Judith Zoebelein ist sich dessen bewusst, dass das Image einer Institution heute entscheidend von ihrem Netzauftritt geprägt wird – und dass man es mit einer hoheits- oder gar weihevollen Selbstdarstellung im Zeitalter des Web 2.0 dabei nicht besonders weit brächte. Deswegen arbeitet sie seit Jahren nicht nur erfolgreich an der Erweiterung des vatikanischen Informationsangebots, sondern ebenso an dessen möglichst unverkrampfter Präsentation. In ihrem 14-köpfigen Profiteam ist die Chefin zwar die Einzige, die einem geistlichen Stand angehört, aber bei Weitem nicht die einzige Frau. Genau die Hälfte der vatikanischen PC-Experten ist weiblich; und selbst den Hardwaresektor leitet (durchaus branchenunüblich) eine Frau: die für den elektronischen Maschinenpark zuständige Polin Anna Hypiak.

Doch Vernetzung hin oder her – schon das würdige Durchschnittsalter der vatikanischen Amtschefs bringt es mit sich, dass man sich innerhalb des Vatikans nach wie vor gern Briefe schreibt. Und damit die dabei womöglich in Gang gesetzten Mühlen Gottes nicht allzu langsam mahlen, wird die Post wie in guten alten Zeiten dreimal täglich zugestellt; vormittags aufgegebene Briefe erreichen in der Regel noch am gleichen Tag um 17 Uhr ihre Empfänger.

Bei so viel Perfektion wirkt es ziemlich skurril, dass der Vatikan zwar seine eigene Post, aber statt einer eigenen lediglich eine italienische Postleitzahl hat: 00 120 Città del Vaticano. Der Grund: Die vatikanischen Zivilbehörden haben die Verteilung der Postleitzahlen schlicht verschlafen, ebenso übrigens wie die Vergabe der internationalen Telefonvorwahlen. Die Vorwahl des Vatikans – 06 698 – verrät durch das 06 am Anfang, dass es sich in Wahrheit um eine römische Zweigvorwahl handelt.

Gleich hinter der Gardekaserne erhebt sich auf der linken Seite der Via del Belvedere als eine Art Eckpfeiler des Papstpalastes der Turm Nikolaus V., ein festungsähnliches und überhaupt wenig einladendes Gebäude. Wundert es jemanden, dass hier die Vatikanbank untergebracht ist? Was hat es auf sich mit dieser Institution, die auch ihre fromme offizielle Bezeichnung Istituto per le Opere di Religione (Institut für die religiösen Werke) nicht vor bösen Gerüchten und Verdächtigungen schützt? Wie reich ist der Vatikan wirklich? Und was treibt er mit seinem Geld?

Zunächst: Der Vatikan lebt in jeder Hinsicht von der Substanz.

Gemeint sind damit weniger seine unschätzbaren Kunstwerke, die ließen sich ja nur zum Teil zu Geld machen – und das auch nur, wenn sich der Papst (wovon er gottlob weit entfernt ist) derart banausisch-gierig benähme wie Silvio Berlusconi, der es eine gute Idee findet, die unter staatlicher Kuratel stehenden Kunstwerke Italiens meistbietend an Privatleute zu verhökern.

Nein, im Vatikan bleibt die Kunst in der Kirche respektive in den Museen. Hier dagegen soll statt von der künstlerischen von der unmittelbar monetären Substanz der vatikanischen Finanzen die Rede sein. Und diese Substanz lässt sich, so wenig transparent der Haushalt des Vatikans im Übrigen erscheinen mag, sehr genau in Ziffern ausdrücken: 92 Millionen US-Dollar, zum Kurs von 1929. In jenem Jahr wurde das bereits erwähnte Konkordat zwischen dem Vatikan und dem Königreich Italien geschlossen, in dem der Vatikan endgültig auf die Gebiete des alten, längst in den italienischen Staat integrierten Kirchenstaats verzichtete und dafür eine einmalige Abfindung in der genannten Höhe erhielt.

Ohne Frage ist diese Substanzsumme gut angelegt und jedenfalls bis in die 80er-Jahre des vergangenen Jahrhunderts hinein ausgezeichnet verwaltet worden. Dennoch hätte sie den Vatikan nicht vor dem Bankrott bewahrt. Dass allein dessen laufende Ausgaben für Gehälter und für die Instandhaltung seiner kulturellen Schätze nicht mit den Kapitalerträgen aus 92 Millionen Dollar bestritten werden können, liegt auf der Hand. Auch die Gewinne aus Finanzanlagen und Immobilien (2005 waren das 43 beziehungsweise 22 Millionen Euro) reichen dafür nicht aus.

Der Vatikan ist und bleibt daher vor allem auf Spenden aus der katholischen Weltkirche angewiesen. Den finanziellen Schwerpunkt dabei bildet der sogenannte Peterspfennig, eine alljährlich (am 29. Juni, dem Festtag der Heiligen Petrus und Paulus) durchgeführte Sammelaktion, deren Ertrag direkt an den Papst geht, zu dessen weiterer Verfügung. Die Einnahmen aus dem Peterspfennig schwanken beträchtlich: 2005 waren es 59 Millionen, 2006 191 Millionen Euro.

Nahezu verdoppelt hat sich in diesen beiden Jahren die Gesamtsumme sonstiger kirchlicher Spenden an den Vatikan; 2006 betrugen sie knapp 25 Millionen Euro. Dies alles führte dazu, dass der Vatikan 2006 zum dritten Mal in Folge einen wenn auch geringfügigen Überschuss erzielte: Die Gesamteinnahmen lagen bei 227,8 Millionen Euro, die Ausgaben bei 225,4 Millionen. (Noch 2003 hatte das Jahresdefizit fast zehn Millionen Euro betragen.)

Diese positive Bilanz allerdings wäre nicht möglich ohne die beträchtliche steuer- und abgabenpolitische Bevorzugung des Vatikans durch die italienischen Finanzbehörden. So sind beispielsweise die weitläufigen vatikanischen Besitzungen auf italienischem Staatsgebiet von der Grundsteuer befreit – ebenfalls eine Bestimmung des Konkordats von 1929, die 1984 durch ein weiteres Konkordat bestätigt wurde. Böse Zungen behaupten, der Vatikan habe sich durch jenes Konkordat von 1984 quasi dafür bezahlen lassen, dass er die Trennung von Kirche und Staat endlich auch in Italien akzeptierte: Seit dieser Zeit gilt der Katholizismus nicht mehr als italienische Staatsreligion; eine praktische Folge dessen ist, dass sich seitdem Italienerinnen und Italiener legal scheiden lassen können.

In Gefahr geraten die vatikanischen Steuerprivilegien allerdings durch die Europäische Union, der zwar nicht der Vatikan, wohl aber Italien angehört. Und aus der Sicht der Brüsseler Kontrollbehörden, das machte die EU-Wettbewerbskommissarin Neelie Kroes im August 2007 deutlich, gelten Steuerverzichte nun einmal als unerlaubte Staatsbeihilfen. Kann man die katholische Kirche tatsächlich als freies Unternehmen wie andere

Wettbewerbsteilnehmer betrachten? Man wird das zumindest so lange können, ja müssen, solange die Kirche auf dem normalen Markt der (Dienstleistungs-)Unternehmen aktiv ist. Und eben das ist sie: In Italien zum Beispiel unterhält sie Hunderte von Kliniken, Schulen und Pilgerhotels, zahlt aber dabei deutlich weniger Steuern als in anderen Ländern, wie Deutschland oder Frankreich, in denen sie ebenfalls als Unternehmerin auftritt.

Teile der italienischen Presse beziffern die so entstandenen Verluste für den italienischen Staat auf mehr als eine Milliarde Euro. Wiewohl diese Zahl nicht nur von vatikanischen Stellen für heftig übertrieben gehalten wird – am Grundtatbestand einer Bevorzugung des Vatikans kommt man kaum vorbei. Die italienische Regierung sieht nur schwer ein, wieso sie auf diese Steuereinnahmen verzichten soll; der Vatikan hingegen könnte mit einigem Recht auf seine Bedeutung für die römische Tourismusindustrie hinweisen, deren Gewinne schließlich in Form von Steuern auch dem italienischen Staatssäckel zugutekommen.

Darüber hinaus aber zeigt sich der Vatikan gegenwärtig zum Einlenken bereit. Aus der Umgebung des Papstes, der das nach seiner Ansicht unverhältnismäßig ausgedehnte Engagement der katholischen Kirche in weltlichen Dienstleistungsbereichen bereits als Kardinal kritisierte, wird durchaus Bereitschaft zur Neuverhandlung des Konkordats signalisiert.

Der Klärung bedürftig wäre dabei auch die Frage, wie sehr die Finanzgeschäfte der Vatikanbank direkt oder indirekt von den steuerrechtlichen Privilegien des Heiligen Stuhls profitieren. Sosehr man sich, was den päpstlichen Jahresetat betrifft, in letzter Zeit um Offenlegung bemüht, sosehr vermissen viele die gleiche Transparenz bei den Bilanzen der Vatikanbank. Über das reale Vermögen des Instituts für die religiösen Werke gibt es nach wie vor nur Schätzungen; Informanten der italienischen Zeitschrift *L'Espresso* zufolge beträgt es rund sechs Milliarden Euro. Die Vatikanbank erstellt zwar Jahresbilanzen wie alle anderen Unternehmen, macht diese aber außer ihrem eigenen Aufsichtsrat nur dem Papst selbst und der Kardinalskommission zur Überwachung der Bankgeschäfte zugänglich.

Nötig und überhaupt erst möglich geworden war die Einsetzung dieses geistlichen Kontrollgremiums infolge des spektakulären Skandals um das katholische Mailänder Bankhaus Banco Ambrosiano und die Vatikanbank beziehungsweise deren damaligen Leiter Erzbischof Paul Marcinkus, der 1987 nicht nur das finanzielle Fundament des Vatikans schwer erschüttert hat. Auch ohne die zahlreichen Verschwörungstheorien, die sich bis heute an die Vorgänge von damals knüpfen, verlief jener Skandal, der im Selbstmord oder der Ermordung des eng mit dem Vatikan vertrauten italienischen Bankiers Michele Sindona gipfelte, haarsträubend genug.

Als die italienischen Strafbehörden damals die Auslieferung des Erzbischofs Marcinkus und zweier anderer Vorstände der Vatikanbank forderten, erklärte der Papst die Bank flugs zum integralen Bestandteil des Heiligen Stuhls, dessen absolute Immunität völkerrechtlich gesichert ist. So weit die defensive Reaktion. Die offensive oder zumindest positive war, dass man dem unseligen Marcinkus die Hoheit über die Bank entzog, die Leitung des Instituts fortan erfahrenen und möglichst gut beleumundeten weltlichen Bankmanagern anvertraute – und dass schließlich jene Kardinalskommission eingesetzt wurde, die dem weltlichen Aufsichtsrat der Vatikanbank heute als kirchliches Kontrollgremium zur Seite steht.

Auch wenn nicht-vatikanische Beobachter versichern, die Vatikanbank würde heute höchst solid und zuverlässig geleitet: Das Vertrauen in die Bank würde wesentlich erleichtert, wenn sie ihre Bilanzen endlich veröffentlichen würde. Vatikanische Insider allerdings halten hinter vorgehaltener Hand dagegen, auf der ganzen Welt gebe es doch heutzutage keine Bankbilanz mehr, die nicht mehr oder weniger raffiniert gefälscht sei. Und bevor es sich auf dieses branchenübliche Falschspiel einlasse, täte das Institut für die religiösen Werke doch besser daran, von sich aus gar nichts zu veröffentlichen. Und im Übrigen: Das Bilanzveröffentlichungsgebot gelte schließlich nur für öffentlich zugängliche Banken.

Dass die Vatikanbank nicht öffentlich zugänglich ist, macht bereits ein einziger Blick auf die abweisenden Mauern des Nikolausturms deutlich. Dennoch verfügt sie über einen Tresorraum sowie eine Art Schalterhalle, in der allerdings ausschließlich die Zahlung der Gehälter an die Angestellten des Kirchenstaats abgewickelt wird. Früher wurden hier auch die beliebten vatikanischen Münzen ausgegeben, die der Vatikan alljährlich neu prägen lässt. Das Recht auf die eigene Währung wurde in den Lateranverträgen festgeschrieben, aber von Anfang an als eher symbolisches Privileg aufgefasst. Das geht schon daraus hervor, dass der Vatikan aufs Drucken eigener Banknoten verzichtet. Um »Spielgeld« handelt es sich aber bei den vatikanischen Euro- und Cent-Münzen keineswegs; sie finden bei Liebhabern reißenden Absatz. Für einen kompletten Satz (Nominalwert: 3,88 Euro) werden bis zu 600 Euro geboten.

Kein Wunder also, dass sich zum Ausgabetermin (passenderweise meist eine Woche vor Weihnachten) die Vatikanangestellten in lange Warteschlangen einreihen. Um sich das dabei regelmäßig und nicht unbedingt würdevoll ablaufende Spektakel zu ersparen, werden die Münzen seit ein paar Jahren nicht mehr im Vatikan selbst abgegeben, sondern auf dem Gelände der Exklave St. Paul vor den Mauern.

Die Orte, an denen die Angestellten das von der Vatikanbank bezogene Geld besonders gern ausgeben, erreicht man, wenn man die Via del Belvedere ein Stück weiter hinaufgeht und dann, hinter dem Gebäude der vatikanischen Druckerei, rechts in die (eben nach der Druckerei benannten) Via della Tipografia abbiegt. Hier befindet sich die Annona, der große, von der Steuerbefreiung im Kirchenstaat profitierende vatikanische Supermarkt.

Nicht nur die extrem günstigen Preise machen die Annona attraktiv; ihre Kunden schätzen auch die hohe Qualität des Warenangebots. Glücklich, wer eine *tessera* besitzt – so werden die Karten genannt, die zum Einkaufen in der Annona und im Designkaufhaus im vatikanischen Bahnhof berechtigen. Ausgestellt werden sie außer für die Angestellten des Vatikans für die beim Heiligen Stuhl akkreditierten ausländischen Diplomaten sowie für römische Geistliche. Weil die Angestellten natürlich viele Verwandte und die römischen Pfarrer noch mehr bedürftige Schäflein haben, kam es in der Vergangenheit immer wieder zu kleinen Affären um die unerlaubte Weitergabe oder die allzu exzessive Ausnutzung der Einkaufsberechtigung. Mittlerweile aber macht die strikte elektronische Kontrolle jeder einzelnen *tessera* den Missbrauch zumindest sehr schwer.

Ohne besondere Einkaufsgenehmigung, also für jedermann zu erhalten sind die Medikamente, die gegenüber der Annona in der berühmten, schon seit dem zwölften Jahrhundert existierenden Apotheke des Vatikans verkauft werden. Einzige Voraussetzung: ein ganz normales Rezept, ausgestellt von einem beliebigen italienischen Arzt oder Krankenhaus. Wer sich jederzeit gesund fühlt, muss hier nicht weiterlesen. Aber falls sich jemand in dieser Hinsicht – man weiß ja nie – nicht ganz sicher ist, verschafft er sich mit einem Arztbesuch zugleich die einfachste aller Möglichkeiten, das Innere der Vatikanstadt zu betreten: Sobald er sein Rezept vorzeigt, weist ihn die Schweizergarde an der Porta Sant'Anna zum Wachhäuschen der Gendarmen, die ihm nach Ausfüllen eines Formulars einen offiziellen Passierschein ausstellen.

Zwar berechtigt dieser Schein, streng genommen, nur zum Besuch der vatikanischen Apotheke. Doch kann man als Fremder denn so genau wissen, wie man da ohne Umwege hinkommt? Und selbst wenn man es wüsste: Es gibt mindestens drei halbwegs direkte Routen von der Porta Sant'Anna zur Vatikanapotheke. Statt, wie beschrieben, in die Via della Tipografia einzubiegen, kann man die Via del Belvedere noch ein paar Dutzend Schritte weiterverfolgen, um sich erst hinter dem Gebäude der vatikanischen Post nach rechts in die Via della Posta zu wenden; die Apotheke findet man dann linker Hand ungefähr 50 Meter nach der Post. Der reizvollste aller Wege zur Farmacia Vaticana aber führt über die gleich hinter dem Eingangstor schräg rechts von der Via del Belvedere abzweigende »Wohnstraße« des Vatikandorfs, die Via del Pellegrino.

Diese Straße und ihre Häuser halten bis heute etwas von der ursprünglichen Atmosphäre des Borgo fest, also des »vatikanischen« Stadtviertels jenseits des Tibers, das nach Abschluss der Lateranverträge der breit auf den Petersdom zulaufenden Prachtstraße Via della Conciliazione weichen musste. Man geht durch die Via del Pellegrino vorbei an mehrstöckigen Wohnhäusern, der kleinen Kirche San Pellegrino (mit dem alten Friedhof der Schweizergarde), dem Redaktionsgebäude der Vatikanzeitung *L'Osservatore Romano* und den schräg gegenüberliegenden Laderampen und Lieferanteneingängen der Annona, wendet sich dort, wo die Via del Pellegrino auf die Via della Tipografia einmündet, nach links und trifft dann nach 30 Metern auf das Ende der Via della Posta, über die man nun, sozusagen hintenherum, die Apotheke erreicht.

Zugegeben, diese Wegbeschreibung klingt etwas umständlich. Aber wer diese kleinen Umstände nicht scheut, lernt einen ansehnlichen Teil des Sant'Anna-Viertels kennen. Und wer sich obendrein am Ende der Via del Pellegrino verläuft und, natürlich nur aus Versehen, den von dort an den vatikanischen Werkstätten vorbei nach oben ziehenden Treppenweg hochsteigt, muss anschließend nur noch ein paar Schritte nach links zur hier emporragenden Außenmauer des Museo Chiaramonti machen, um eine der originellsten Brunnenskulpturen des Vatikans zu Gesicht zu bekommen: den großen, 1620 von den Brüdern Vasanzio und Martino Ferrabosco aus Kupfer und Blei hergestellten Galeerenbrunnen. Staunend steht man vor dem höchst realistischen Nachbau einer mittelalterlichen Galeere, die aus allen Geschützrohren zwar keine feurigen Kanonenkugeln, aber armdicke Wasserstrahlen schießt.

Um von diesem Umweg aus doch noch zur Apotheke zu gelangen, steigt man entweder die Treppe zur Via del Pellegrino wieder hinunter oder man wendet sich am Galeerenbrunnen nach links und geht, immer an der Museumsmauer entlang, zu einer kleinen Grünanlage, durch die man rechts wieder die Via della Posta und die Via del Pellegrino erreicht.

Ginge man stattdessen hier nach links, käme man vollends auf verbotene Pfade, nämlich in den (schmählich zum Parkplatz umfunktionierten) Belvederehof vor den Vatikanischen Bibliotheken und dem Geheimarchiv, und von dort aus weiter in die schönen kleinen Innenhöfe des Papstpalastes: den Papageienhof, den Borgiahof und den Cortile della Sentinella, aus dem man direkt in die Vatikanischen Gärten gelangt. Spätestens hier allerdings dürfte der unfreiwillige oder freiwillige Umweg beendet sein: Der Cortile della Sentinella (»Wachhof«) heißt so, weil hier normalerweise ein Schweizergardist Wache steht, der einen nach Studium des Passierscheins stante pede (und mindestens stark kopfschüttelnd) auf kürzestem Weg zur Apotheke zurückschicken dürfte.

Der Gang zur Farmacia Vaticana lohnt sich übrigens nicht nur wegen des damit verbundenen Sightseeings in der »verbotenen« Vatikanstadt. Diese Apotheke ist außerdem die billigste, eben wegen der Steuervorteile, und die mit Abstand am besten sortierte in ganz Rom (manche behaupten gar: auf der ganzen Welt). Entsprechend lang sind die Käuferschlangen – wer schon mal hier ist, interessiert sich natürlich auch für das vielfältige Angebot von edlen Kosmetika und Drogeriewaren, die zwar auf keinem Rezept stehen, aber sehr gern als Originalmitbringsel aus dem Vatikan oder nur als Souvenir mitgenommen werden.

Apropos Souvenir: Als kostenloses Erinnerungsstück an den Spaziergang hinter den Mauern der Vatikanstadt bleibt einem der Passierschein erhalten. Denn obwohl er laut Aufdruck beim Verlassen des Vatikans abgegeben werden muss, fragt einen an der Porta Sant'Anna kein Mensch danach.

Das katholische Imperium

Der Vatikan verwaltet nicht nur ein Weltreich des Glaubens, sondern nebenbei auch sich selbst: den kleinsten Staat des Erdkreises

Zwergstaaten kann man nur an anderen Zwergstaaten messen. Andorra, als semigeistliche Monarchie (Staatsoberhäupter sind der Bischof von Urgell und der französische Staatspräsident) dem Papst sozusagen teilunterstellt, ist fast 1000-mal, die Republik San Marino ist 120-mal und selbst das winzige Fürstentum Monaco immerhin dreimal größer als der Vatikan mit seinen 44 Hektar oder – wer weiß schon, wie viel ein Hektar ist – 440 000 Quadratmetern; das sind gerade mal eine Handvoll Fußballfelder.

Aber natürlich trügen solche Relationen, wie alle auf bloßen Zahlen beruhenden Angaben. Das nicht nur wegen der »gefühlten« Größe der geistigen Weltmacht Vatikan, sondern auch, weil zum Kerngebiet im Schatten der Peterskirche eine stattliche Reihe von exterritorialen Gebieten hinzukommen, die staatsrechtlich ebenfalls unter vatikanischer Hoheit stehen. So, um nur die wichtigsten zu nennen, der Nord- und der Westabhang des dem Vatikan benachbarten Gianicolo (einer der sieben römischen Hügel), der gesamte Laterankomplex mit seinem Palast und der päpstlichen Basilika San Giovanni, die Basilika Santa Maria Maggiore und der angrenzende Palast, die Basilika San Paolo fuori le mura und die dazugehörige Abtei, der nahe der Spanischen Treppe stehende Palast der für die kirchliche Arbeit außerhalb Europas zuständigen Kurienkongregation »Propaganda Fide«, die Kirche und der Palazzo di San Callisto in Trastevere, der Palazzo della Cancelleria am Corso Vittorio Emanuele II. und schließlich der Palazzo Courtial, das einzige dem Vatikan gehörende Gebäude, in dem ein – allerdings verpachtetes – Hotel betrieben wird: die Residenza Paolo VI. Außerhalb Roms kommt noch die päpstliche Sommerresidenz in den Albaner Bergen dazu: das Schloss von Castel Gandolfo mit seinen zahlreichen Gärten und Nebengebäuden.

Nicht unmittelbar, sondern nur als exterritoriale Gebiete zum Vatikan gehören merkwürdigerweise einige Bauwerke, die innerhalb der vatikanischen Mauern liegen: der Campo Santo Teutonico, der mächtige Palast der Glaubenskongregation links der Peterskirche, der größere Teil der dahinter liegenden großen Audienzhalle, auf deren Dach gerade eine riesige Solarzellenanlage installiert wurde, die den gesamten Vatikan mit Elektrizität versorgt. Exterritoriales Vatikangebiet sind schließlich auch die Päpstlichen Universitäten in der Stadt Rom, das nahe dem Petersplatz liegende deutsche Priesterkolleg Germanicum und das Gebäude von Radio Vatikan bei der Engelsburg.

Apropos Radio Vatikan: Dass die Gesamtfläche des Kirchenstaats eher eine Tendenz zum Wachsen als zum Schrumpfen hat, wird auf dem Monte Mario am nördlichen Stadtrand von Rom deutlich; dort, in der Nähe des Ortes Santa Maria di Galeria hat Radio Vatikan seine Sendeanlagen installiert, auf einer Gesamtfläche von mehr als 400 Hektar. Mit anderen Worten: Allein dieses Gelände, das seit 1953 ebenfalls zum exterritorialen Hoheitsgebiet des Kirchenstaats zählt, ist fast zehnmal so groß wie das eigentliche Kerngebiet des Vatikans.

Im Vergleich zu seiner einstigen Größe allerdings bleibt der heutige Kirchenstaat ein Zwerg – und ein Unikum: Wo sonst auf der Welt, außer im früheren Tibet, verfügte das Oberhaupt einer Religion zugleich über einen Staat, dessen Existenz sich wiederum allein aus der Religion rechtfertigt? Eben dieser Zusammenhang treibt die Kritiker des Papstes und der römisch-katholischen Kirche von Anfang an um. Woraus sollte sich überhaupt der Anspruch einer geistlichen Macht auf ein weltliches Herrschaftsgebiet ableiten?

Lange Zeit gründeten die Päpste diesen Anspruch auf die sogenannte Konstantinische Schenkung: Der römische Kaiser Konstantin, so behaupteten sie, habe bei seiner Taufe Papst Silvester I. und allen seinen Nachfolgern die Herrschaft über die gesamte Westhälfte des damaligen Römischen Reiches, also vor allem Rom und Italien, übertragen. Nichts davon ist richtig. Kaiser Konstantin hat sich in Wahrheit erst kurz vor seinem Tod 337 taufen lassen, und das auch nicht durch Papst Silvester I., der zu diesem Zeitpunkt selbst schon gestorben war, sondern durch den Bischof Eusebius von Nikomedia, der den

Arianismus predigte, eine zu jener Zeit ebenso populäre wie umstrittene Variante des Christentums, die nur Gottvater (und nicht, nach dem Dreieinigkeitsprinzip, auch den Sohn und den Heiligen Geist) als wirklichen Gott anerkannte und später von der Kirche als Irrlehre verdammt wurde.

Immerhin hatte Konstantin 313 im Toleranzedikt von Mailand den römischen Staatsbürgern die freie Religionswahl zugebilligt. Das Edikt kam vor allem dem Christentum entgegen, das allerdings nicht bei dieser Gelegenheit, sondern erst 380 durch Theodosius I., den letzten Kaiser, der über beide Hälften des Römischen Reiches herrschte, zur offiziellen Staatsreligion erklärt wurde. Von der Abtretung der Macht an einen Kirchenstaat war aber weder unter Konstantin noch unter Theodosius die Rede. Die von der Kirche sorgsam gehütete Konstantinische Schenkungsurkunde wurde denn auch im 15. Jahrhundert durch die katholischen Gelehrten Nikolaus von Kues und Lorenzo Valla als Fälschung entlarvt.

Dennoch hatte sich bereits zur späten Kaiserzeit, in der faktisch weniger der jeweilige römische Kaiser als vielmehr italienische Grundeigentümer, von außen eingedrungene Invasionsheere und die mal gegen die Eindringlinge kämpfenden, mal sich mit ihnen verbündenden Söldnerführer das Land beherrschten, der Grundstock des päpstlichen Herrschaftsgebiets herausgebildet. Das Patrimonium Petri, wie man diese vorwiegend in Mittel- und Süditalien liegenden Ländereien zusammenfassend nannte, war vor allem durch private Schenkungen an die Kirche entstanden. Ein großer Teil davon ging aber im Lauf der folgenden Jahrhunderte verloren, in erster Linie an die sich in Italien immer mehr breitmachenden Langobarden.

Es war wieder eine Schenkung, die dem Papst die Herrschaft über die verlorenen Gebiete zurückbrachte: Der 751 zum König der Franken gewählte Pippin III. garantierte der Kirche im Gegenzug für die Legitimation seines Königtums durch den Papst die Herrschaft über Rom, die Toskana, Venetien, Istrien, die Herzogtümer Spoleto und Benevent, Ravenna sowie die Adriastädte Rimini, Ancona, Fano, Pesaro und Senigallia. Auch die Urkunde der Pippinschen Schenkung ist nicht erhalten, weswegen über Einzelheiten ihres Inhalts lange debattiert wurde. Unbestritten ist aber aufgrund zahlreicher anderer Zeitdokumente die Tatsache dieser Schenkung selbst, die dem Patrimonium Petri eine staatsrechtliche Grundlage verlieh und den Papst mit einem Schlag auch zu einem weltlichen Machtfaktor in Europa machte.

Als weltliche Herrscher mussten sich viele Päpste in der Folge militärisch mit Konkurrenten um die Macht herumschlagen. Diese Situation wurde stets mit dem Argument gerechtfertigt, der geistliche Auftrag der Päpste sei ohne den Schutz irdischer Machtbefugnisse nicht durchführbar, stieß aber dennoch und fortwährend auf heftige Kritik – und lieferte so zumindest mittelbar einen der Gründe für die große, durch Martin Luther initiierte Kirchenspaltung im 16. Jahrhundert. Zu jener Zeit hatte der Kirchenstaat seine größte Ausdehnung erreicht; hinzugekommen waren mittlerweile die Romagna sowie die Stadtstaaten Parma, Modena, Bologna, Ferrara und Perugia.

Von da an ging es allerdings stetig bergab mit der weltlichen Herrschaft des Papstes. Vollends den Garaus zu machen drohten ihm dann die Französische Revolution und die Machtpolitik Napoleons, der dem Papst gegenüber zunächst höchst wechselhaft agierte, ihn aber 1809 als weltlichen Herrscher schlicht für abgesetzt erklärte. Als Papst Pius VII. im Gegenzug und nach einer seit Jahrhunderten praktizierten Methode den Kirchenbann über Napoleon und alle seine Anhänger aussprach, ließ Napoleon ihn im Vatikan verhaften, nach Frankreich schaffen und in Fontainebleau internieren.

Nach Napoleons Sturz hat der Wiener Kongress zwar den Kirchenstaat wiederhergestellt und dem Papst die Herrschaft über Rom und Mittelitalien zurückgegeben, zugleich aber flammten von da an überall in Europa die nationalen Einigungsbewegungen auf. Sie alle standen wie das italienische Risorgimento, das neben der Herrschaft der Franzosen und der Österreicher über Norditalien vor allem die Existenz des Kirchenstaats leidenschaftlich bekämpfte, im Zeichen des Fortschritts. So war es kein Wunder, dass der nach veralteten und autoritären Methoden regierte Kirchenstaat als Verkörperung politischer Rückständigkeit schlechthin galt. Statt sich den neuen sozialen und gesellschaftlichen Ideen zu öffnen, taten die Päpste, vor allem der zunächst als liberal und aufgeschlossen geltende, aber über die Entwicklung zunehmend verbitterte Pius IX., genau das Gegenteil: Sie setzten auf Einschüchterung und Repression statt auf Einverständnis mit ihren Untertanen – und zogen sich damit erst recht deren Hass zu.

Das schlechte Image, das sich der Kirchenstaat so erwarb, hat selbstverständlich auch das geistliche Amt des

Papstes in Mitleidenschaft gezogen und damit den Ruf der katholischen Kirche nachhaltiger geschädigt als die Machtexzesse mancher Päpste des Mittelalters und der beginnenden Neuzeit.

Insofern darf man es, wiewohl die Päpste das lange anders sahen, durchaus als Erlösung begreifen, dass Garibaldi und seine Befreiungstruppen dem Kirchenstaat 1870 den Garaus machten. Bereits 1860 hatten sich all dessen Gebiete mit Ausnahme der Stadt Rom und des umliegenden Latium der neu entstandenen italienischen Republik angeschlossen. Rom selbst wurde noch von den Franzosen verteidigt, dessen Soldaten aber 1870 für den Krieg gegen Preußen gebraucht wurden und deshalb abzogen. Stante pede besetzte die italienische Armee den Rest des Kirchenstaats und übernahm die Herrschaft über ganz Rom einschließlich des Vatikans.

König Vittorio Emanuele II. bot dem im Vatikanpalast zurückgebliebenen Papst eine Art begrenzter Souveränität über den Palast, die Peterskirche und die Gärten an, doch der lehnte tief gekränkt ab: Er, der Herrscher des katholischen Weltreichs, sollte sich von einem banalen irdischen und damit, das glaubte Pius IX. noch immer, in der Hierarchie unter ihm rangierenden Herrscher irgendwelche Rechte verleihen lassen? Da sei Gott vor! Stattdessen regierten Pius IX. und seine Nachfolger die Kirche fortan demonstrativ als »Gefangene des Vatikans« (den sie in der Tat als Päpste kein einziges Mal verließen), um dergestalt – so hofften sie jedenfalls – der respektlosen Außenwelt ein schlechtes Gewissen zu machen.

Funktioniert hat das nie wirklich. Im Gegenteil: Die Gräben zwischen der katholischen Kirche und den weltlichen Mächten wurden fortan noch tiefer, obwohl oder gerade weil die Kirche nun gezielt die Bildung und die Aktivitäten papsttreuer katholischer Parteien zu fördern begann, die in ihren Ländern unentwegt Propaganda gegen die kirchenfeindliche Haltung ihrer Regierungen machten.

Es waren dann ausgerechnet Benito Mussolinis italienische Faschisten, die den so entstandenen »Kulturkampf« für sich ausnützten: Um seine Macht im katholischen Italien abzusichern, musste Mussolini sich dem Papst anzunähern versuchen. So kam es nach langwierigen Verhandlungen 1929 zum Abschluss der Lateranverträge, in denen der heutige Vatikan als souveräner Staat anerkannt wurde und der Papst im Gegenzug endlich offiziell auf seinen Herrschaftsanspruch über den alten Kirchenstaat verzichtete.

Doch auch wenn die Lateranverträge eindeutig die Geburtsstunde des modernen, nicht länger nach weltlicher Macht strebenden Vatikanstaats markieren, enthalten sie einige Überbleibsel aus den Zeiten, in denen der Staat des Papstes reale Machtpolitik betrieb. Das gilt selbst für den militärischen Bereich: Ausdrücklich billigen die Lateranverträge dem Vatikan das Recht auf eine eigene Luftflotte zu. Und es ist dessen freiwillige Entscheidung, dass sich diese Flotte gegenwärtig auf einen einzigen Hubschrauber beschränkt, der noch dazu nur von der italienischen Armee ausgeliehen und deshalb – wenn der Papst nicht gerade mit ihm nach Castel Gandolfo fliegt – auf dem alten Militärflugplatz Ciampino stationiert ist. Ciampino, heute Roms zweiter Zivilflughafen, dient dem Papst auch als Start- und Landeplatz für längere

Flugreisen, bei denen er traditionell eine Maschine der italienischen Gesellschaft Alitalia für den Hin- und eine des Gastlandes für den Rückflug benutzt.

Noch kurioser als das Recht des Vatikans auf eine Luftflotte ist das auf eine eigene Marine, das allerdings vollends nur auf dem Papier der Lateranverträge steht, als juristisches Überbleibsel der Auseinandersetzungen um einen direkten Meerzugang des Vatikans, um den sich dessen Delegierte bei der Aushandlung der Verträge vergeblich bemüht hatten.

Während es somit keine vatikanische Dreimeilenzone gibt, besitzt der Kirchenstaat sehr wohl die Lufthoheit über sein Territorium, dessen Überfliegen sämtlichen zivilen und militärischen Maschinen streng verboten ist. Einmal hat das allerdings nichts geholfen: Am 5. November 1943 fielen Bomben auf den Vatikan. Ob das Flugzeug, das sie abwarf, ein alliiertes oder ein italienisches war, hat man nie herausgefunden. Damals ließ man die Sache schon deswegen auf sich beruhen, weil die Schäden sehr überschaubar waren: Eine Bombe durchschlug das Dach der Mosaikwerkstatt, einige Fenster der Peterskirche gingen zu Bruch, doch Menschen wurden nicht verletzt.

Staatsoberhaupt des Vatikans, beziehungsweise, auf den kleinen Unterschied wird es gleich noch stark ankommen, des Staates der Vatikanstadt (Stato della Città del Vaticano) ist selbstverständlich der Papst, rechtlich gesehen als Alleinherrscher und damit als letzter absoluter Monarch Europas. Weil er nun aber wahrlich Besseres zu tun hat, als sich um die Verwaltung eines Zwergstaats zu kümmern, hat er eine gesetzgebende Institution berufen, die Päpstliche Kommission für den Staat der Vatikanstadt, und zugleich eine Regierung, den sogenannten Governatorat, die für die Ausführung der Gesetze zuständig ist, also für die Verwaltung der materiellen Infrastrukturen des Vatikans wie die Strom-, Gas- und Wasserversorgung, die Verkehrswege und Gärten und vor allem für die Instandhaltung der Gebäude.

Was in einer Demokratie undenkbar wäre, ist im Vatikan der Fall: Der Leiter der Legislative und der Leiter der Exekutive sind gegenwärtig in einer Person vereinigt, der des italienischen Kardinals Giovanni Lajolo. Wer glaubt, Lajolos Versetzung aus dem Päpstlichen Staatssekretariat, wo er als zweithöchster Mann fungierte, ins Amt des vatikanischen Regierungschefs und des Vorsitzenden der Legislativkommission sei ein Aufstieg auf der Karriereleiter gewesen, könnte falscher nicht liegen. Die Spitzenämter in der Kirchenstaatsverwaltung gelten vatikanintern definitiv als Abschiebeposten – ein sehr deutliches Indiz dafür, dass der Vatikan seine staatliche Existenz nur mehr als notwendiges, aber im Grunde völlig unwichtiges Element empfindet.

Darüber, wo die Verwaltung des Staats der Vatikanstadt residiert, glaubt wieder einmal unser personifizierter Running Gag Dan Brown Bescheid zu wissen: Dem »Illuminati«-Autor zufolge wird einem der Weg zum »Palazzo Governativo« in den Vatikanischen Gärten gewiesen, und zwar auf »in alle Richtungen weisenden Schildern«. Wer jemals, ob als Teilnehmer einer Gartenbesichtigung, als Apothekenkunde oder sonst wie im Vatikan umherging, wird festgestellt haben: Wegweisende Schilder gibt es hier leider gar nirgends, aus erklärbarem Grund: Die Leute, die im Vatikan leben und arbeiten, haben eh keine Orientierungsprobleme – und Fremde dürfen ja offiziell gar nicht erst herein.

Auch den in »Illuminati« erwähnten »Palazzo Governativo« wird man vergeblich suchen. Was Brown meint, ist der »Palazzo del Governatorato«; und während man diese Verwechslung ähnlich klingender Worte noch als lässige Sünde zu vergeben bereit ist, begibt sich der Bestsellerautor bereits auf die Ebene kompletter Realitätsverweigerung: Er beschreibt den Gouverneurspalast wegwerfend als »schlichtes Gebäude«, während er die »päpstliche Residenz« in ihrer »barocken Pracht nur von Versailles übertroffen« wähnt.

In Wahrheit ist es umgekehrt: Viele Besucher, die zum ersten Mal im Vatikan herumgeführt werden, halten den Gouverneurspalast hinter der Peterskirche wegen dessen gewaltig in die Höhe wie in die Breite ausladender Fassade irrtümlich für die Papstresidenz, während sich der aus verschiedenen Bauteilen scheinbar ohne Plan zusammengesetzte reale Papstpalast nicht einmal dann als eigenständiges Gebäude wahrnehmen lässt, wenn man unmittelbar davorsteht. Wie heißt es in Browns Vorwort zu »Illuminati« doch so wundervoll vertrauenerweckend: »Alle Hinweise auf Bauten beruhen auf Tatsachen…«

Zurück in die Wirklichkeit des Vatikans: Wir haben von der Regierung des Kirchenstaats gesprochen, von dessen Luftflotte und sogar von der vatikanischen Marine. Aber wie verhält es sich denn mit der Außenpolitik, mit den vielen diplomatischen Vertretungen des Vatikans in aller Welt und mit den hier akkreditierten Botschaftern? Haben wir die bislang absichtlich unterschlagen oder einfach nur vergessen?

Weder das eine noch das andere; denn der Staat der Vatikanstadt macht, sieht man von ein paar Fachkonferenzen zwischen römischen und vatikanischen Polizeioberen oder Elektrotechnikern ab, überhaupt keine Außenpolitik.

Die betreibt stattdessen ein zweiter hier angesiedelter Staat, wobei im Grunde weder das Wort »angesiedelt« noch das Wort »Staat« zutreffen: Der Heilige Stuhl, so heißt jenes sonderbare Gebilde, besitzt nämlich keinen Quadratmillimeter Staatsfläche – und unterhält doch als international anerkanntes Subjekt des Völkerrechts diplomatische Beziehungen zu etwa 180 Staaten in aller Welt, genießt den Status eines permanenten Beobachters bei den Vereinten Nationen (mit dem Recht, jederzeit in die Debatten von deren Vollversammlung einzugreifen) und ist aktives Mitglied zahlloser internationaler Kommissionen und Institutionen wie der Welternährungsbehörde, des Umweltrats oder des Weltkinderhilfswerks UNICEF.

Aber was oder wer ist das denn, der Heilige Stuhl? Vereinfacht gesagt lautet die Antwort: Der Heilige Stuhl ist völkerrechtlich identisch mit dem Papst – nicht mit dem Menschen, der jeweils dieses Amt innehat (ein Einzelner kann per se niemals Subjekt des Völkerrechts sein), sondern mit dem Amt als solchem, mit dem Papst als Institution. Diese in der Welt wie in der Geschichte einmalige Körperschaft ist ebenfalls durch die Lateranverträge rechtlich legitimiert. Das musste auch so sein; schließlich war es der Heilige Stuhl und nicht etwa der Staat der Vatikanstadt, in dessen Namen der Papst jene Verträge unterschrieb.

So ist es denn der Heilige Stuhl und nicht der kleine Stadtstaat, der den Vatikan noch heute als Mittelpunkt einer geistigen Weltmacht erscheinen lässt, deren intellektuelle und spirituelle Aktivitäten oft genug ins weltliche Machtgefüge eingreifen und dabei zuweilen, wie bei der Auflösung des einstigen Sowjetimperiums, massiv zu dessen Veränderung beitragen.

Im Unterschied zum Stadtstaat Vatikan hat der Heilige Stuhl keine Regierung im eigentlichen Sinn: Sein Souverän ist in jeder Hinsicht der Papst allein. Doch weil Macht nur da wirksam wird, wo man sie auch ausüben kann, bleibt die theoretisch unbegrenzte Machtfülle des Papstes in der Praxis sehr überschaubar. »Ich bin ganz und gar nicht die Nummer eins im Vatikan«, hat der bis heute populäre Papst Johannes XXIII. gesagt, »in Wirklichkeit habe ich mindestens sieben Leute über mir.«

Denen, die Bescheid wussten, war klar: Dieser Satz entsprang keineswegs der für diesen Papst typischen Mischung aus Humor und Bescheidenheit, sondern einer durchaus realistischen Selbsteinschätzung. Dem Papst allein steht die Macht über die katholische Kirche zu, gewiss. Aber auch der Papst ist schließlich ein Mensch – und kein Mensch kann eine solche Machtfülle in der Praxis allein wahrnehmen. Und so ist die Frage nach der Macht des Papstes immer eine Frage nach der Macht seiner engsten Mitarbeiter, also in erster Linie der römischen Kurie (so der Sammelbegriff für die Ämter, die die katholische Kirche im Auftrag des Papstes leiten) und der vom Papst ernannten Kardinäle innerhalb und außerhalb Roms.

Dass sich Kardinäle, die nach dem Papst höchsten Würdenträger der katholischen Kirche, in anderen Städten oder gar Ländern aufhielten, war noch bis zum Ende des Mittelalters undenkbar. Als besonders hervorgehobene Helfer des Papstes blieben sie zunächst stets in der Nähe von dessen Amtssitz. Auch der erste nicht italienische Kardinal (übrigens ein Bayer: Konrad von Wittelsbach, der im zwölften Jahrhundert das Amt des Mainzer Erzbischofs und damit eines der sieben Kurfürsten bekleidete) musste nach seiner Ernennung nach Rom übersiedeln. Diese Praxis änderte sich erst im 15. Jahrhundert. Von da an blieben die meisten Kardinäle an ihren ursprünglichen Bischofssitzen, während sich daneben im Vatikan eine Sondergruppe weiterer Kardinäle bildete, die mit zentralen kirchlichen Leitungsaufgaben beauftragt wurde – eben die Kurie.

Nicht nur Vatikankritiker bezeichnen die Kurie gern als das ZK, das Zentralkomitee, des Papstes – und kommen dabei der Wahrheit durchaus nahe. Die Kurie ist jedenfalls das zentrale Verwaltungsorgan der katholischen Kirche. Man könnte getrost auch vom zentralen Regierungsorgan der Kirche reden, wenn diese Bezeichnung nicht dem gerade von der Kurie – jedenfalls nach außen – hochgehaltenen Alleinherrschaftsanspruch des Papstes entgegenstünde.

Dass die Kurie als geheimnisumwoben gilt, hat weniger mit dem Hang ihrer Mitglieder zur Geheimniskrämerei und zu anderen Insiderattitüden zu tun (dergleichen ist schließlich auch bei den Regierungsorganen demokratischer Staaten die Regel) als mit ihrer im Lauf der Zeit immer komplizierter gewordenen Organisation, der enormen Vielfalt ihrer Aufgaben und der häufigen Kompetenzüberschneidung zwischen den einzelnen Abteilungen. Über all das kann sich theoretisch jeder Außenstehende informieren; in der Praxis wäre das jedoch mit einem erheblichen Aufwand an Zeit und Mühe verbunden. Der Vatikan macht kein Geheimnis aus den Organisationsstrukturen und Geschäftsverteilungsplänen der einzelnen Kurienämter. Um allerdings deren vielfach ineinandergreifendes Geflecht, inklusive aller von hohen Kurienbeamten offiziell und inoffiziell unterhaltenen Leitungen zum Papst zu entwirren, müsste man ein eigenes Buch schreiben. Gottlob haben das schon andere erledigt, unter anderem und auf besonders eindrucksvolle Weise der amerikanische Jesuit, Betriebswirtschaftsfachmann und Politologe Thomas J. Reese. Sein Buch »Im Inneren des Vatikans« ist ein hervorragendes Kompendium über die Leitungsbehörden der katholischen Kirche und liefert darüber hinaus eine hochgescheite kritische Analyse der Kurienarbeit und ihrer Effizienz.

So verlockend es wäre, aus Reeses ausführlichem Bericht (er umfasst fast 500 Seiten) hier das eine oder andere abzuschreiben: Das wäre nicht nur gemein, sondern würde zudem den Rahmen unserer Gebrauchsanweisung sprengen. Beschränken wir uns also aufs Wichtigste: Die Kurie besteht, in absteigender hierarchischer Reihenfolge aus dem Päpstlichen Staatssekretariat, den Kongregationen und den Päpstlichen Räten, die sich ebenso wie die Kongregationen aus einer Reihe von Mitgliedern zusammensetzen; hinzu kommen drei Gerichtshöfe (darunter die bekannte, weil auch für Eheungültigkeitserklärungen zuständige Sacra Rota) und einige weitere Büros für verschiedene ökonomische Angelegenheiten.

Die ältesten dieser Kurieneinrichtungen sind die Kongregationen; sie entstanden aus den von den Päpsten immer wieder zur Klärung bestimmter Glaubens- und Sachfragen einberufenen Sonderkommissionen und setzten sich ursprünglich ausschließlich aus Kardinälen zusammen. Die erste bekannte dieser Kongregationen, die sich als Dauereinrichtung etablieren konnte, war das 1542 gegründete, unter der Bezeichnung »Inquisition« berühmt und berüchtigt gewordene »Heilige Offizium«. Wobei das Wort »heilig« in diesem Zusammenhang nicht viel sagen will; alles und jedes in der Umgebung des Papstes galt damals als heilig, sogar die bald darauf gegründete zweite (und längst wieder abgeschaffte) Kurienkongregation zur Reinigung des römischen Kanalsystems und zur Trockenlegung der Pontinischen Sümpfe, aus denen regelmäßig die Malaria Einzug in der Stadt Rom hielt.

In ihrer bis heute zwar erweiterten, aber im Wesentlichen kaum veränderten Gesamtorganisation geht die Kurie auf eine Konstitution (eine päpstliche Anordnung) Sixtus' V. zurück, die höchst absichtsvoll mit den Worten »Immensi aeterni Dei« beginnt: »(Angesichts) der unermesslichen Ewigkeit Gottes…« Sixtus sah damals 15 Kurienkongregationen vor, von denen sich bis heute neun erhalten haben oder, wie die aus dem Heiligen Offizium hervorgegangene Glaubenskongregation, neu gegründet worden sind. Übrigens hat es bis 1965 gedauert, bis sich die Kirche, die die unmenschlichen Praktiken der Inquisition de facto längst überwunden hatte, dazu aufraffte, sich auch formal von ihrem Heiligen Offizium zu verabschieden.

Veranlasst wurde dieser Abschied durch das von Johannes XXIII. einberufene Zweite Vatikanische Konzil, in dem die Kirche mit einem zunächst geradezu spektakulären Engagement versuchte, sich aus ihrer eigenen religiösen und gesellschaftlichen Erstarrung zu lösen. Dies bezog natürlich und sogar in erster Linie eine Neuausrichtung der Kurie mit ein – weswegen die Kurie ihrerseits sich dem nach ihrer Ansicht allzu vehementen Eifer vieler Konzilsteilnehmer von Anfang an entgegenstellte. Die Front von damals ist im Vatikan noch heute, fast ein halbes Jahrhundert nach der Einberufung dieser bisher letzten Generalversammlung der katholischen Kirche, an allen Ecken und Enden spürbar. Nach wie vor ist es die Kurie, die sich allem nicht Althergebrachten zunächst einmal widersetzt – um es aber dann, wenn es sich gar nicht vermeiden lässt, geschmeidig und hocheffektiv in die Alltagsarbeit der Kirche umzusetzen.

Die Päpste waren in diesem nur selten öffentlich ausgetragenen Streit zwischen Reformern und Blockierern stets auf der Seite derer, die den neuen Geist des Konzils wirklich umsetzen wollten. Nur galt und gilt auch dabei die resignierende Feststellung Johannes XXIII.: »In Wirklichkeit habe ich mindestens sieben Leute über mir« – wobei Gott noch gar nicht mitgezählt ist. Die Namen und die genaue Anzahl dieser geheimen Vatikanchefs ändern sich natürlich im Lauf der Zeiten. Doch wer versucht wäre, sie konkret ausfindig zu machen, könnte die Suche in jedem Fall auf die Kurie beschränken.

Kandidat Nummer eins war dabei lange Zeit der Mann, der heute selbst Papst ist: Unter seinem Vorgänger Johannes Paul II., der sich explizit lieber um die Verkündung seines Glaubens und seiner Werte nach draußen kümmerte als um komplizierte theologische Detailfragen oder um vatikanische Interna, galt unbestritten der Präfekt (Leiter) der Glaubenskongregation, Kardinal Joseph Ratzinger, als der mächtigste Mann im Vatikan. Selbstverständlich kam ihm dabei sein Amt zugute: Auch wenn die Inquisition längst abgeschafft war, die Ratzinger übrigens mit dem durchaus klugen Argument verteidigt, sie habe trotz all ihrer schrecklichen Verirrungen zumindest für ein rechtliches Verfahren in den bis dahin nach Gutdünken und Eigennutz inszenierten Ketzerprozessen gesorgt – auch ohne die Inquisition also blieb die Glaubenskongregation weiterhin für die Grundbedingung allen kirchlichen Denkens und Handelns zuständig, eben für den rechten Glauben.

Die Devise »Wissen ist Macht« galt dabei nicht allein für das immense theologische Wissen des sein Fach bis heute brillant beherrschenden Kardinals Ratzinger, sondern darüber hinaus und vielleicht mehr noch für das Wissen über die Arbeit und die internen Beziehungen seiner Kurienkollegen, das er im Lauf von fast einem Vierteljahrhundert im Vatikan erworben hatte.

Mehr oder weniger stillen Gebrauch machte Ratzinger von diesem Wissen zweifellos schon als Kardinal. Als er dann Papst geworden war, wurde bald auch öffentlich sichtbar, wie konsequent er seine Erfahrungen mit der Kurie umzusetzen verstand. Hierher gehört unter anderem die Tatsache, dass der ehemalige Präfekt der Glaubenskongregation mit dem amerikanischen Kardinal William J. Levada einen Mann mit der Leitung dieses wichtigen Amts betraute, der zwar als außerordentlich solide und zuverlässig gilt, aber ganz bestimmt niemals in die Rolle des ersten Mannes im Vatikan hineinwachsen dürfte, die Ratzinger selbst unter dem früheren Papst ausgefüllt hatte.

Als äußerst mächtig gilt jene Kurienbehörde, die schon in der offiziellen Vatikanhierarchie den obersten Rang einnimmt: das Päpstliche Staatssekretariat. Trotz seines auch außerhalb des Vatikans großen Renommees gehört das Staatssekretariat zu den jüngsten Kurieneinrichtungen; es entwickelte sich nach und nach aus einer Art Privatkabinett, das die politischen Korrespondenzen des Papstes erledigte, zu einer eigenen Behörde. Erst zu Beginn des 19. Jahrhunderts hat dann Pius VII. das Staatssekretariat zu einer Kurienkongregation für die außerordentlichen (also nicht religiösen) kirchlichen Angelegenheiten erhoben. Heute ist das Amt, das danach noch viele Umwandlungen erfahren hat, in einzelne Sektionen aufgeteilt. Die erste Sektion ist zuständig für die Allgemeinen Angelegenheiten, das heißt für den Kontakt mit den beim Heiligen Stuhl akkreditierten Botschaftern anderer Länder und umgekehrt mit den Päpstlichen Nuntien, die als Botschafter des Heiligen Stuhls den Papst (in der Praxis heißt das meist: das Staatssekretariat) bei den allermeisten Regierungen der Welt vertreten und dabei auch die Aktivitäten der katholischen Landeskirchen überwachen.

Mit anderen Worten: In der ersten Sektion des Staatssekretariats werden die Fäden gezogen, an denen die gesamte katholische Kirche hängt. Klar also, dass der jeweilige Kardinalstaatssekretär ein sehr mächtiger Mann ist. Für noch einflussreicher allerdings halten viele den Posten des sogenannten Substituten, der diese erste Sektion im Auftrag des Kardinalstaatssekretärs leitet und dem alle anderen Kurienbehörden regelmäßig Bericht zu erstatten haben.

Nicht zu unterschätzen ist daneben die Bedeutung der zweiten Sektion, die für die Beziehungen der Kirche zu den Staaten der Welt zuständig ist, weswegen man ihren Leiter auch als Außenminister des Vatikans bezeichnet. Dem von 1939 bis 1958 regierenden Papst Pius XII., der wegen seiner höchst diplomatischen Haltung gegenüber den Nationalsozialisten und vor allem seiner allzu zögerlichen, ja schwächlichen Haltung gegenüber dem Holocaust bis heute in der Kritik steht, war der Posten des Staatssekretärs so wichtig, dass er ihn gleich mit sich selbst besetzte. So weit zu gehen liegt gewiss nicht in der Natur des heutigen Papstes. Doch wie klar Benedikt XVI. sich über die herausragende Bedeutung des Päpstlichen Staatssekretariats ist, zeigt die Tatsache, dass er schon bald nach seiner Ernennung die drei wichtigsten Köpfe austauschte. Als Nachfolger des langjährigen Staatssekretärs Angelo Sodano (dem bei der vorangegangenen Papstwahl noch vor Joseph Ratzinger große Chancen eingeräumt worden waren) ernannte er Tarcisio Bertone, einen zwar durchaus durchsetzungsfreudigen, aber bislang nicht für seinen Machthunger bekannten italienischen Kardinal. (Und dass Bertones Leidenschaft dem Fußball und der internen vatikanischen Fußballliga gilt, kann der Papst gelassen akzeptieren.)

Zum Nachfolger des zum Regierungschef des Vatikanstaats »beförderten« Außenministers Lajolo machte Benedikt XVI. den diplomatisch bestens geschulten, außerhalb des Vatikans bis dahin weithin unbekannten marokkanischen Erzbischof Dominique Mamberti, und als Substitut im Staatssekretariat fungiert nun anstelle des mit allen Wassern gewaschenen, ebenfalls als möglicher Papstkandidat geltenden Leonardo Sandri der italienische Erzbischof Fernando Filoni.

Kurzum: Benedikt XVI. hat nach Kräften dafür gesorgt, dass er nicht unbedingt von sich sagen muss, er habe »noch sieben andere« über sich. Andererseits und wie schon gesagt, auch der Papst ist nur ein Mensch: Selbst wenn er es wollte, könnte Benedikt nicht seine gesamte Kurie umkrempeln. Und er konnte nicht verhindern, dass seine Personalpolitik die Stellung der beiden einst fast übermächtigen Kurienbehörden, des Staatssekretariats und der Glaubenskongregation, nicht nur dem Papst, sondern auch den anderen Kurienämtern gegenüber geschwächt hat. Überhaupt lässt sich, das weiß man im Vatikan besser als irgendwo anders, die Frage nach der Macht immer nur dialektisch diskutieren. Entzieht man dem einen Macht, sucht ein anderer das Vakuum auszufüllen – und der, der die Macht verteilt, wird gerade dadurch zum Spielball seiner eigenen Entscheidungen.

Einige Kurienbehörden jedenfalls machen sich derzeit große Hoffnung, aus dem mächtigen Schatten des Staatssekretariats herauszuwachsen. So die für die Verbreitung des Glaubens in nicht oder nur ansatzweise christianisierten Ländern wie China zuständige Kongregation Propaganda Fide oder die Bischofskongregation, die unter anderem die Ernennung aller katholischen Ortsbischöfe vorbereitet. Von der durch Benedikt XVI. deutlich forcierten Annäherung des Papstes an die orientalischen

Katholiken wiederum hofft die Kongregation für die Ostkirchen zu profitieren.

Vor allem aber sind es die durch das Zweite Vatikanische Konzil ins Leben gerufenen Räte, die – nicht erst seit dem Amtsantritt des jetzigen Papstes – innerhalb der Kurie nach vorn drängen. An Bedeutung fürs Leben der Kirche haben einige von ihnen ohnehin bereits manche kleinere (aber offiziell höhergestellte) Kongregation übertroffen. In erster Linie gilt dies für den Rat Cor unum, der die vielfältigen Finanzhilfen und Spendenaktionen der Kirche für sozial Benachteiligte in aller Welt organisiert, für den angesichts der internationalen Entwicklung immer wichtiger werdenden Rat für den Dialog zwischen den Religionen und für den vom deutschen Kurienkardinal Walter Kasper geleiteten Rat zur Förderung der Einheit der Christen, der sich in ständigem Dialog vor allem mit den evangelischen Kirchen befindet.

Einer der Vorzüge der Räte besteht darin, dass sie mit den katholischen Landeskirchen wie mit anderen kirchlichen Organisationen, aber auch mit Laienvereinigungen meist erheblich enger und offener zusammenzuarbeiten bereit sind als die Kurienkongregationen, die sich allzu gern noch als päpstliche Kontrollbehörden gebärden. Zugleich erklärt das auch die Schwierigkeiten, die die relativ jungen Räte mit ihren älteren Schwestern, den Kurienkongregationen, haben.

Dabei sind es nicht nur die Päpstlichen Räte, die immer wieder mit den Kongregationen aneinandergeraten, sondern auch die Bischöfe der Weltkirche, die in einem regelmäßigen Turnus und nach Nationen sortiert zu »ad limina«-Gesprächen, das heißt zu Begegnungen mit dem Papst und der Kurie »an den Grenzen« des Vatikans geladen werden. Ja, selbst unter den nicht im Vatikan beschäftigten Kardinälen gibt es nicht wenige, die im Gespräch – nicht selten sogar an den Cafétischen einer der vielen Bars jenseits der Porta Sant'Anna – mehr oder weniger heftig aufseufzen, wenn die Rede auf die »mittelalterlichen« Praktiken der Kurie kommt.

Das hört sich für Außenstehende zumindest in den vielen Fällen erstaunlich an, in denen der Gram eines Kardinals nicht etwa von einem Amtsbruder, sondern von einem simplen Bischof oder gar einem schlichten Monsignore (so lautet der Ehrentitel für praktisch alle im Vatikan beschäftigten Priester) ausgelöst wurde. Ja, ist denn ein Kardinal nicht sehr viel mehr als ein Bischof oder ein einfacher Priester?

Theoretisch ja. Der Kardinalspurpur ist nach dem Papstamt die höchste Würde, die die katholische Kirche zu vergeben hat, obwohl oder vielleicht gerade weil sie nichts mit der kirchlichen Amtshierarchie zu tun hat. Die endet nämlich schon beim Bischofsamt; selbst der Papst leitet seine Stellung kirchenrechtlich nicht davon her, dass er Kardinal, sondern dass er der Bischof von Rom ist. Nirgends wird dieser Unterschied zwischen Amts- und Ehrenhierarchie so deutlich wie eben vor der Kurie, der gegenüber auch Kardinäle schnell klein aussehen können, wenn sie – und sei es durch einen als Untersekretär tätigen Monsignore – das Gewicht ihres Amtes ausspielt.

Übrigens muss jemand, gerade weil diese Würde nicht ans Amt gebunden ist, nicht Bischof und nicht einmal unbedingt Priester sein, um zum Kardinal ernannt zu werden. Ja, selbst eine Frau dürfte der Papst, darüber sind sich die Kirchenrechtler einig, in das Kardinalskollegium aufnehmen. Eine Utopie? Phantasie? Keineswegs. Der Jesuit Eberhard von Gemmingen, immerhin der Chef der deutschen Abteilung von Radio Vatikan, hält die Ernennung weiblicher Kardinäle für eine sehr gute Idee.

So könnte der lange Marsch der Frauen in die Hierarchie der katholischen Kirche einen vorläufigen symbolischen Höhepunkt finden – einen vorläufigen natürlich deshalb, weil auch die Abschaffung oder doch die Relativierung des Zölibats zu den großen Zukunftsaufgaben der Kirche gehört. Dass an der Zulassung von Verheirateten wie von Frauen zum Priesteramt kein Weg mehr vorbeiführt, weiß so gut wie jeder im Vatikan – nur wirklich vorstellen können (oder mögen) es sich viele noch nicht so recht. Wer die katholische Praxis in den Landeskirchen verfolgt, wo heute schon oft Pfarrreferentinnen auch in der Predigt und während der Messe (wiewohl nicht in deren Kernbestandteilen) Funktionen ausüben, die noch vor 20 Jahren Priestern vorbehalten waren, wird keinen Zweifel daran haben, dass sich die Frauen zumindest auf lange Sicht durchsetzen werden.

Eine Frau als Päpstin – das wäre zweifellos ein noch besseres Signal als ein weiblicher Kardinal. Aber leider ein vorläufig unmögliches. Apropos: Die schöne und seit langem kursierende Geschichte von der Päpstin Johanna, die sich als Mönch verkleidete, um auf den Papstthron zu gelangen, hält keiner wissenschaftlichen Überprüfung stand.

Um auf die Kardinäle zurückzukommen: Für deren einzige, dafür wahrlich entscheidende Möglichkeit, direkt und ohne Störfeuer durch die Kurie Einfluss auf die Kirchenführung zu nehmen, sorgt das höchste ihrer Privilegien: Sie allein sind es, die den Papst wählen. Und sie sind es, die in der Zeit vor der Wahl eines neuen Papstes allein über das Schicksal und die Leitung der katholischen Kirche entscheiden. Sobald nämlich ein Papst gestorben ist, erlöschen auf der Stelle alle vatikanischen Amtswürden: Kein noch so machtbewusster Kurienpräfekt, kein Substitut, kein vatikanischer Richter hat dann als solcher etwas zu sagen.

Den äußeren Ablauf der Grablegung des alten und der Wahl des neuen Papstes ordnet in dieser Zeit der *camerlengo*, der vom Papst vorher zu diesem Zweck ernannte Kardinalkämmerer. Dass der derzeit mit dem Kardinalstaatssekretär Bertone identisch ist, würde seine Machtbefugnisse im Fall des Falles jedoch nicht erweitern. Die hat in der Interregnumszeit allenfalls der Kardinaldekan, der bis zur Wahl des neuen Papstes die Sitzungen der dann für die Kirchenleitung zuständigen Kardinalskommission leitet. Dieses Amt bekleidet übrigens der frühere Staatssekretär Sodano. Falls er die nächste Papstwahl erleben sollte, dürfte sein Einfluss allerdings wesentlich geringer sein als der seines Vorgängers in diesem Amt, Joseph Ratzinger, der gleich selbst Papst geworden ist. Eben das aber kann dem Kardinal Sodano nicht passieren: Er ist über 80 Jahre alt und damit von der Teilnahme an der Papstwahl ausgeschlossen.

Derzeit beträgt die Gesamtzahl der Kardinäle 176; fast ein Drittel hat das 80. Lebensjahr überschritten und scheidet somit aus dem Kreis der Papstwähler aus. Deren große Stunde schlägt frühestens nach einer neuntägigen Trauerzeit für den verstorbenen Papst. Sie werden dann zwar nicht mehr wie früher in der Sixtinischen Kapelle, dem Ort der Papstwahl, eingemauert, sondern beziehen bequeme Zimmer im schon erwähnten Vatikanhotel Domus Sanctae Martae. Auf jede Kommunikation mit der Außenwelt müssen sie dennoch verzichten; die Möglichkeit von Verstößen gegen dieses Gebot wird durch strengste (auch elektronische) Kontrollen ausgeschlossen.

Das genaue Procedere der Wahl müssen wir hier nicht beschreiben; jeder, ob Katholik, Muslim oder Heide, wird im Ernstfall durch Tausende von Medien bis ins Detail darüber unterrichtet. Entscheidend ist: Gesucht wird eine Zweidrittelmehrheit; die von Johannes Paul II. eingeführte Möglichkeit, nach über 30 erfolglosen Wahlgängen den Papst mit nur absoluter Stimmenmehrheit zu wählen, hat sein Nachfolger rückgängig gemacht. Stattdessen sollen die Kardinäle, mit Zweidrittelmehrheit, zwischen den beiden bisher aussichtsreichsten Kandidaten entscheiden, wer der neue Papst wird und damit das höchste Amt der katholischen Kirche bekleidet.

Wandlungen der Heiligkeit

Unnahbar ist der Papst längst nicht mehr. Benedikt XVI. lebt sogar in einer WG. Und mag ohne Frauen in seiner Umgebung nicht auskommen

Wenige Tage nach der Wahl von Kardinal Joseph Ratzinger zum Papst passierte etwas, das vielen alteingesessenen Vatikanbewohnern derart unfassbar erschien, dass sie es spontan als böswilliges Gerücht abtaten: Als sei es die selbstverständlichste Sache der Welt, bezog die schon vorher als vertraute Freundin Ratzingers bekannte Ingrid Stampa eine Wohnung im Papstpalast. Wäre Frau Stampa eine Nonne, hätte kein Mensch überhaupt davon Notiz genommen.

Schon immer wirkten Ordensschwestern im päpstlichen Haushalt, meist als Köchinnen und Haushälterinnen, zuweilen aber auch als eine Art persönlicher Assistentin. So zuletzt die im Vatikan viel gefürchtete bayerische Schwester Pasqualina, die ihren als vollkommen unnahbar geltenden Dienstherrn Pius XII. eifersüchtig gegen alle persönlichen Kontakte abschirmte.

Ingrid Stampa jedoch ist das gerade Gegenteil der legendären Pasqualina, und das nicht nur, weil sie weder einem Orden noch sonst einer geistlichen Organisation angehört. Die attraktive, in Deutschland geborene und aufgewachsene Mittfünfzigerin hatte bereits eine erfolgreiche Karriere als Gambenspielerin und Musikdozentin hinter sich, als sie in Rom von einem Bekannten gefragt wurde, ob sie nicht für ein paar Tage dem Kardinal Ratzinger beistehen könne, dessen Schwester und Haushälterin gerade gestorben war. Sie sagte zu – und aus den paar Tagen wurden Wochen, Monate, Jahre: Ingrid Stampa war aus der Umgebung Joseph Ratzingers nicht mehr wegzudenken.

Sie sei »ein freier, fremder Vogel im Vatikan«, sagt Frau Stampa über sich selbst, »kein Typ für Institutionen oder Karriere.« Das mit dem freien Vogel glaubt ihr sofort, wer sie jemals als fröhlich-verwegen durch den römischen Verkehr kurvende Radlerin erlebt hat. Aber »kein Typ für Institutionen«? Lässt sich so etwas denn ausgerechnet im Vatikan, in der Nähe des Papstes durchhalten, wo alles und jeder seine in die Hierarchie eingegliederte Funktion hat?

Als Joseph Ratzinger, wie viele andere Kurienkardinäle, noch außerhalb der vatikanischen Mauern, in einem Mietshaus nahe dem Petersplatz, wohnte, war das kein Problem. Gelegentlich kochte Ingrid Stampa für den Kardinal (am liebsten »Semmelknödel oder Apfelstrudel«) und ging ihm im Haushalt zur Hand. Am wichtigsten war, das sagt sie selbst, die Begegnung der beiden »auf geistiger Ebene«, die sich in vielen Gesprächen (bei denen man bis heute keineswegs immer einer Meinung sei) zu einem »freundschaftlichen Verhältnis« entwickelt habe.

So weit, so erfreulich. Wohin aber mit der Freundin, wenn der Freund plötzlich Papst wird? Nicht nur im sittenstrengen und nach wie vor an der Ehelosigkeit der Priester festhaltenden Vatikan hätte die Gerüchteküche da zu brodeln begonnen. Doch gerade die Unbefangenheit, mit der Ingrid Stampa ihr Quartier in der Nähe des Papstes aufschlug, brachte alle Lästerzungen erst einmal zum Schweigen. Frau Stampa galt, irgendein Titel musste halt sein, als »Hausdame des Papstes« und nebenbei als Garantin dafür, dass im Vatikan an allerhöchster Stelle endlich wieder eine weibliche Stimme zu Gehör kam.

Dennoch: So etwas hatte man im Vatikan seit vielen Jahrhunderten nicht mehr erlebt – Grund genug für manche Medien, das ungeschriebene Stillhalteabkommen über das Privatleben Benedikts XVI. nicht lange durchzuhalten und allerlei Spekulationen über »die Lebensgefährtin des Papstes« anzustellen. Als das außer Kontrolle zu geraten drohte, hat der Vatikan Frau Stampas Auszug aus dem Apostolischen Palast veranlasst und ihr Beschäftigungsfeld neu definiert. Offiziell ist sie nun nicht mehr Benedikts Hausdame, sondern Angestellte des Staatssekretariats. Aber sie wohnt immer noch im Vatikan, in einem Haus an der Via del Pellegrino. »Qui abita la Papessa«, hat uns ein Kurienmitarbeiter einmal mit stoischer Miene erklärt: »Hier wohnt die Päpstin.«

Nach wie vor verabredet sich der Papst gelegentlich auf ein Abendessen mit Ingrid Stampa. Den Paparazzi und Sensationsreportern, die bei solchen Gelegenheiten auf »enthüllendes« Material hoffen, nimmt die Pressestelle des Vatikans (deren ehemaligen Chef, den dem reaktionären Opus Dei verbandelten Joaquín Navarro-Valls, der neue Papst durch den weltoffenen Jesuiten Federico Lombardi ersetzt hat) geschickt den Wind aus den Segeln, indem sie diese Rendezvous keineswegs dementiert, sondern schlicht als das darstellt, was sie ganz offenkundig sind: freundschaftliche persönliche Begegnungen, die weder einen Verdacht noch irgendeinen journalistischen Aufwand rechtfertigen.

Um den Haushalt des Papstes kümmern sich heute vier Laienschwestern der italienischen Glaubensgemeinschaft Communione e Liberazione. Doch auch sie wirken dabei nicht, wie das bislang üblich war, als im Hintergrund versteckte »Geister«, sondern nehmen – neben den beiden Privatsekretären Benedikts XVI. – regen Anteil am Alltagsgeschehen in den päpstlichen Privatgemächern. Das Ganze als Papst-WG zu bezeichnen, gilt keineswegs als respektlos: Akkurat diesen Ausdruck benutzt frohgemut der deutsche Papstsekretär Georg Gänswein, wenn man ihn nach dem Alltag seines Chefs fragt.

Noch mehr als Ingrid Stampa zieht Gänswein, von einigen Lifestyle-Magazinen und mittlerweile sogar, nicht immer ohne neidischem Unterton, von manchem Insider des Kirchenstaats als »George Clooney des Vatikans« bezeichnet, die Aufmerksamkeit der Medien auf sich. Vom lockeren Image des in der Tat sehr gut aussehenden Prälaten strahlt dabei immer auch einiges aufs Erscheinungsbild Benedikts XVI. ab, dem Gänswein bei öffentlichen Auftritten nicht von der Seite weicht. Dass in der smarten Schale ein durchaus harter Kern steckt, wissen mittlerweile alle im Vatikan, die es mit Georg Gänswein beruflich zu tun bekommen haben. Der Sekretär des Papstes organisiert dessen Alltag, aber er organisiert ihn nicht allein. Vor allem bei der Frage, wer im Rahmen einer Privataudienz oder bei einer anderen Gelegenheit persönlichen Zugang zum Heiligen Vater erhält, entscheiden andere mit, in erster Linie der Substitut des Päpstlichen Staatssekretariats und der Leiter von dessen deutschsprachiger Abteilung, Wilfried König. Dessen Vorgänger Christoph Kühn musste im Juni 2008 das Feld räumen; er sei, sagen Leute, die es wissen müssen, nicht nur Georg Gänswein allzu sehr in die Quere gekommen, sondern habe auch mehrfach das Missfallen Ingrid Stampas erregt. Woraus man, das nebenbei, keineswegs schließen sollte, dass die beiden Papstvertrauten Stampa und Gänswein stets einträchtig an einem Strang ziehen.

Anders als sein Vorgänger Johannes Paul II., der Außenstehende und, in regelmäßigem Turnus, Mitarbeiter des Vatikans gern schon zur Frühmesse in seiner Privatkapelle lud und seine täglichen Mahlzeiten häufig zu Unterhaltungen mit Mitarbeitern der Kirchenführung oder anderen zu Tisch gebetenen Gästen nutzte, beschränkt der gegenwärtige Papst sowohl die Teilnehmer der Morgenmesse und des anschließenden Frühstücks wie seine Tischgesellschaften meist auf die Mitglieder seiner Wohngemeinschaft. Auch der Speisenzettel, auf dem entgegen anderslautenden Gerüchten bayerische Nationalgerichte wie Schweinebraten oder Semmelknödel eine seltene Ausnahme bilden, ist ein wenig schlichter geworden: Außer den typisch italienischen Nudel- oder Reisgerichten, Salat und Gemüse kommt ab und an ein Stück Fleisch auf den Tisch – und damit hat es sich dann.

Bier trinkt der Papst allenfalls symbolisch – etwa um bestimmten Besuchergruppen aus seiner bayerischen

Heimat wie den Gebirgsschützen zuzuprosten. Und sein Weinkonsum hält sich ebenfalls in Grenzen; als Standardtischgetränk bevorzugt er schlichtes Mineralwasser.

Nach dem Abendessen, manchmal – es sind ja keine Kinder dabei – schon währenddessen, wird der Fernseher eingeschaltet; außer den italienischen Nachrichten guckt die Papst-WG gern (zum Leidwesen ihrer weiblichen italienischen Mitglieder) deutsche Programme, wobei Georg Gänswein alias Don Giorgio beim Zappen gewöhnlich der Ungeduldigere ist. Aber selbstverständlich hat auch hierbei der Papst das Vorrecht.

Natürlich macht all das nur einen Teil des Alltags von Benedikt XVI. aus.

Die wichtigste Rolle darin spielt nach wie vor das enorme Arbeitspensum eines Papstes. Die Vormittage sind in der Regel für die vielen großen und kleinen Audienzen reserviert. Für Letztere präpariert sich der Papst meist noch vor dem Frühstück. Danach muss er sich in die am jeweiligen Tag bevorstehenden Reden einarbeiten, schließlich wird in jeder Gruppen- oder Massenaudienz eine auf deren Anlass und deren Teilnehmer bezogene Ansprache erwartet.

Nachmittags wendet der Papst seine Aufmerksamkeit der Arbeit der Kurie zu. Konkret läuft das meist auf ein intensives und vielstündiges Aktenstudium hinaus, unterbrochen zuweilen durch direkte Rücksprachen mit den Leitern der Kurienabteilungen oder mit seinen Privatsekretären, wobei Georg Gänsweins aus Malta stammender und durch seine frühere Mitarbeit im Staatssekretariat mit der Kurie wohlvertrauter Kollege Alfred Xuereb dem Papst besonders gute Dienste leistet.

Dass die Öffentlichkeit über den Tagesablauf des Papstes relativ gut Bescheid weiß, war früher alles andere als selbstverständlich. Noch vor 50 Jahren bestand die Antwort auf die Frage »Wie lebt ein Papst?« aus einem einzigen Wort: einsam! Wer sich mit dieser Auskunft, so einleuchtend sie klang, nicht zufriedengab und mehr wissen wollte, stieß auf Mauern des Schweigens, und die waren lange Zeit weit undurchdringlicher als die Steinmauern des Vatikans. Allein die Neugier darauf, was der oberste Repräsentant außerhalb seiner öffentlichen Auftritte für Ein Leben führe, galt als unschicklich, ja blasphemisch: Einer, der mit »Eure Heiligkeit« angeredet wurde, hatte kein Privatleben, und damit basta.

Noch der vor einem halben Jahrhundert verstorbene Pius XII. verkörperte diese heilige Einsamkeit auf eine fast unheimlich perfekte Weise. Als bekannt wurde, dass Schwester Pasqualina für die Zubereitung seiner Mahlzeiten zuständig war, kam das zeitgenössischen Beobachtern schon wie der Gipfel der Indiskretion vor.

Ein Papst beim Essen: Von etwas derart Banalem zu reden erschien schon angesichts der asketisch vergeistigten Gesichtszüge Pius XII. nahezu blasphemisch. Und gar nicht hätte man sich als frommer Verehrer dieses Papstes vorstellen mögen, dass der ab und an einer guten Flasche Wein zusprach oder sich eine Zigarette ansteckte. In Wahrheit hat der »Pastor Angelicus«, der »engelsgleiche Hirte«, wie ihn seine Anhänger nannten, leidenschaftlich gern geraucht, bis ihn seine schwere Lungenerkrankung selbst in diesem Punkt zur Askese zwang.

Auch die Nachfolger Pius XII. rauchten gern, Johannes XXIII., bei dem man sich das ebenfalls nicht recht vorstellen kann, sogar locker mal eine Schachtel pro Tag. Seit Langem der erste Nichtraucher auf dem Stuhl Petri ist der jetzige Papst, Benedikt XVI., was sich insofern gut trifft, als seit dem 1. Juli 2002 in allen Räumen des Vatikans Rauchverbot herrscht. Bei Zuwiderhandlung werden 30 Euro Bußgeld fällig – theoretisch. In der Praxis haben wir in Besucherzimmern mehr als einmal erlebt, dass der Würdenträger, den wir gerade aufsuchten, uns fragte, ob wir gern rauchen würden – um sich daraufhin genussreich selbst eine anzustecken. Wundert man sich darüber, bekommt man die Anekdote von Papst Leo XIII. erzählt, der einem Kurienkardinal einmal eine Zigarre anbot und dessen Ablehnung – »Vielen Dank, Heiliger Vater, aber dieses Laster habe ich nicht« – mit der trockenen Feststellung kommentierte: »Wäre das ein Laster, dann hätten Sie's.«

Zuflucht zu dieser Geschichte musste Papst Pius XII. allerdings nie nehmen. Sein Zigarettenkonsum blieb ebenso geheim wie sein sonstiges Privatleben. Selbst bei öffentlichen Auftritten erschien dieser Papst als unnahbare Majestät. Dafür sorgte schon die strikte Einhaltung eines vom geradezu ausschweifend autoritätsfixierten spanischen Hofzeremoniell abgeleiteten Protokolls, das in einigen Details (wie den über fünf Meter langen Purpurschleppen, die die Kardinäle hinter sich herzuschleifen hatten) von den vatikanischen Zeremonienmeistern noch einmal gesteigert wurde.

Damals, also wohlgemerkt vor gerade mal 50 Jahren, war es für die Gläubigen selbstverständlich, sich dem Stellvertreter Christi kniend zu nähern. Hohen Würdenträgern, und Staatsoberhäuptern, blieb dieses Unterwerfungsritual erspart; doch auch für sie, standen sie erst einmal vor dem Papst, führte kein Weg am Kuss der Ringhand mit zumindest angedeutetem Kniefall vorbei.

Die unausgesprochene Botschaft dabei lautete: Wiewohl der Papst Hof hielt wie ein mächtiger absolutistischer Herrscher, war er denen, was seinen Rang betraf, um eine entscheidende Nuance überlegen: Es konnte nur einen Stellvertreter Gottes geben. Und dem zu begegnen war nun einmal nicht alltäglich. Jedenfalls in diesem Punkt glichen die Intentionen des päpstlichen Besuchsprotokolls wieder denjenigen, die andere Monarchen ihrer Selbstdarstellung zugrunde legten: Je mehr pompösen Zeremonien sich der Besucher seinem hohen Gastgeber zu Ehren zu unterwerfen hatte, desto mehr sollte er sich persönlich geehrt fühlen.

Hoheit, im wahren Sinn des Wortes, signalisierte auch die *sedia gestatoria*, der päpstliche Tragesessel, in dem ein Dutzend starker Männer den Papst bei großen Audienzen durch die Menge trugen. Immerhin ließe sich dieses Überbleibsel einer byzantinisch-despotischen Hofhaltung als eine Art Vorläufer des Papamobils interpretieren, das heute bei ähnlichen Anlässen in Gebrauch ist. Die korrekte Übersetzung von Sedia gestatoria, »Zeigesessel«, macht deutlich, wozu jener gewöhnlich hoch über der Menge dahinschwebende »heilige Stuhl« dienen sollte: zur Sichtbarmachung des Papstes – auch für die, die jeweils hinten stehen.

So nahe können sich absolute Herrscherattitüden und demokratische Gesten in einem einzigen Requisit kommen. Dessen Abschaffung hat sich denn auch über die Regierungszeiten gleich vierer Päpste hingezogen. Johannes XXIII. seufzte zwar, ihm werde schlecht von dem Geschaukel da oben; außerdem hatte er fortwährend Angst, aus der Sedia gestatoria abzustürzen. Dennoch hielt er es am Ende so, wie er es in Fragen traditioneller Äußerlichkeiten fast immer hielt: Um konservative Mitchristen nicht unnötig zu beunruhigen, ließ er alles beim Alten. Sein Nachfolger Paul VI. weigerte sich zwar bei Beginn seines Pontifikats energisch, den tragbaren Thron zu besteigen, doch nach Protesten vieler Rompilger machte er einen Rückzieher. Johannes Paul I. mochte die Sedia ebenfalls nicht, kam aber in den gerade mal 35 Tagen seiner Regierungszeit nicht dazu, sie abzuschaffen.

Endgültig den Garaus machte dem Tragesessel erst Johannes Paul II., vielleicht nicht so sehr aus Bescheidenheit, sondern weil er als gewiefter Selbstdarsteller genau wusste, wie wenig Möglichkeiten zur Entfaltung seines dynamischen Charismas ihm dieser Schaukelsitz geboten hätte. Wie auch immer, die Teilnehmer päpstlicher Massenaudienzen reagierten auf den Traditionsbruch mehr frustriert als erleichtert: Im Petersdom, in dem man das ansonsten überall auf der Welt eingesetzte Papamobil nicht herumfahren lassen mag, bekommen den nun durch die Besuchermassen schreitenden statt über deren Köpfen vorbeigetragenen Heiligen Vater nur mehr ganz vorn Stehende zu sehen.

Auch nicht auf einen Streich erfolgte die Abschaffung eines anderen großherrscherlichen Requisits, der Tiara. Paul VI. schenkte die dreifache Papstkrone symbolisch den Armen. Konkret bedeutete das: Die Tiara wurde von Finanzexperten der nordamerikanischen Bischofskonferenz zu Geld gemacht, das dann (hoffentlich) in deren Wohltätigkeitsbudget einfloss. Doch war die pompöse Dreifachkrone in Nach- und Abbildungen noch lang im Vatikan gegenwärtig. Erst der jetzige Papst, Benedikt XVI., machte den radikalen Schnitt: Er entfernte die Tiara sogar aus dem päpstlichen Wappen, das sie mehr als 1000 Jahre geschmückt – und belastet – hatte, und ließ sie durch eine einfache Bischofsmütze ersetzen.

Nicht wirklich abgeschafft, aber unter Benedikt XVI. nahezu außer Gebrauch gekommen ist die bis zum Ende des 20. Jahrhunderts übliche Anredeform für den Papst: »Eure Heiligkeit«. Heute lautet die geläufige Anrede »Heiliger Vater«, und zwar unterschiedslos für alle, ob Mitarbeiter oder Staatsoberhäupter, Botschafter oder Privatbesucher. Benedikt XVI. mag es nicht einmal, wenn Besucher zur Begrüßung seinen Ring zu küssen versuchen. In der Herrscherattitüde, die ihm so aufgezwungen wird, fühlt sich der jetzige Papst ganz offensichtlich nicht wohl, sympathischerweise. »It's lonely at the top«, würde Randy Newman sagen: Wer so turmhoch über allen anderen zu thronen beansprucht, bleibt in Wahrheit allein.

So hat nicht nur das so pompöse wie unbequeme Protokoll den Nachfolgern Pius' XII. schwer zu schaffen gemacht, sondern, auf unterschiedliche Art, auch die mit dem hohen Amt verbundene Einsamkeit. Immerhin hatten Johannes XXIII. – noch vorsichtig – und nach ihm Paul VI. mit unerwarteter Verve die engen Grenzen ihres vatikanischen Hoheitsgebietes zu überschreiten begonnen und sich auf Reisen in die »Normalwelt« begeben. Unter Johannes Paul II. sind dann die großen Reisen und die in ihrem Rahmen veranstalteten Begegnungen mit Hunderttausenden oft junger Menschen geradezu zum Markenzeichen des Papsttums geworden.

Öffnungen, man weiß das aus der Politik wie aus der Liebe, sind nie einseitig: In dem Maß, in dem die Päpste die Tore des Vatikans nach außen aufstießen, öffneten die sich ebenso nach innen. Überdeutlich wurde das bereits während des langen Pontifikats von Johannes Paul II., der den Vatikan keineswegs nur verließ, um anderen Ländern oder Institutionen geistliche Besuche abzustatten. Seine Reisen dienten immer wieder auch Privatbesuchen bei alten Freunden und Verwandten oder der eigenen Erholung, beim Bergsteigen, Schwimmen und sogar Skifahren. So etwas hatte die gläubige wie die ungläubige Welt bis dahin für die Ausgeburt völlig verstiegener Phantasien gehalten: ein Papst, der Skipisten herunterkurvt wie Millionen anderer Wintertouristen auch.

Ganz gewiss war Johannes Paul II., nicht nur im Vergleich zu seinen drei Vorgängern, eine ausgesprochene Führernatur. Aber anders als beispielsweise Pius XII. machte ihn dies keineswegs unnahbar, im Gegenteil: Er brauchte und suchte stets den Kontakt, zu den Massen wie zu den Einzelnen, die ihm privat oder beruflich nahestanden – und, noch wichtiger, er suchte den Kontakt zu den Medien.

Ein Objekt verändert sich dadurch, dass wir es beobachten: Diese von dem Physiker Werner Heisenberg in seiner »Theorie der Unschärferelation« niedergelegte Feststellung gilt auch für den Vatikan und das Leben der Päpste: Deren rapide Veränderung in den letzten Jahrzehnten ist vor allem das Resultat der öffentlichen Beobachtung, die ihnen zuteil wird, und der medialen Techniken, die diese Massenkommunikation ermöglichen. Spannend bleibt das auf alle Fälle; ob es wirklich gut für die Kirche und für deren zentrales Anliegen, den Glauben, ist, muss sich erst noch zeigen. Der jetzige Papst hat gezeigt, dass er sich der Medien nicht weniger gut zu bedienen weiß als sein Vorgänger – und dabei dennoch etwas mehr Zurückhaltung an den Tag legt. Das ist womöglich keine schlechte Idee.

Fidel Castro vorm Jüngsten Gericht

Eine Herausforderung für Individualisten: der Besuch der Vatikanischen Museen

Der Papst zählt zu den reichsten Menschen der Welt, rein theoretisch. Ihm als alleinigem Souverän des Kirchenstaats gehören nicht nur die in der Vatikanbank einliegenden Gelder, sondern auch die unermesslich wertvollen Kunstschätze des Vatikans. Persönlich hat er von diesem Reichtum allerdings so gut wie nichts. Die Gebote des Glaubens und des Kirchenrechts legen ihm da so enge Fesseln an wie die Gründungsurkunde des modernen Kirchenstaats, die Lateranverträge. Die erkennen zwar, ausdrücklich und völkerrechtlich verbindlich, das Eigentum des Papstes (und nicht etwa des Vatikans) an den Schätzen des Kirchenstaats an, legen aber zugleich fest, dass die im Vatikan angesammelten Kunstwerke öffentlich zugänglich bleiben müssen. Kunst für alle, lautet also hier das Motto – und mit »alle« sind keineswegs nur die Katholiken gemeint, sondern wirklich alle Menschen gleich welcher Herkunft und Weltanschauung, die sich für die hier im Lauf der Geschichte angesammelten Kunstschätze und die Dokumente der Vatikanischen Bibliotheken interessieren.

In der Praxis heißt das letztlich: Der gern (und nicht selten in polemischer Absicht) erhobenen Forderung, der Papst solle doch bitte, um ein Vorbild für christliche Nächstenliebe abzugeben, die Reichtümer des Vatikans zugunsten der Armen dieser Welt zu Geld machen, steht schon das internationale Recht entgegen. Ein paar silberne Altarleuchter oder (wie durch Paul VI. zugunsten der Armenhilfe geschehen) seine wertvolle Papstkrone, die Tiara, darf der Papst gewiss verkaufen; doch in seiner Substanz darf das riesige Kunstdepot des Vatikans nicht angetastet werden. Konsequenterweise hat die UNESCO deshalb 1984 nicht nur die Peterskirche, sondern den gesamten Kirchenstaat zum Weltkulturerbe erklärt.

Von seinem Selbstverständnis her ist der Vatikan damit allerdings in einen Widerspruch geraten, wie er krasser kaum gedacht werden kann: Was lange Zeit vor allem ein durch dicke Mauern und strenge Torwachen vor der Außenwelt geschütztes Refugium des Papstes und seiner Kurie darstellte, soll sich neuerdings zugleich als öffentlich zugängliches Gesamtkunstwerk verstehen. Wirklich auflösen lässt sich dieser Widerspruch natürlich nicht. Doch wie so oft behelfen sich beide Seiten, die auf den letzten Rest ihrer irdischen Hoheitsansprüche pochende Kirche und die um alle Exklusivität unbekümmerte Welt, mit einem Kompromiss: mit den Vatikanischen Museen.

Die Pluralform – die Museen, nicht das Museum – verdeckt das Problematische an diesem Kompromiss allerdings kaum, sondern bringt es erst richtig zum Ausdruck. Mit Museen im sonst überall gebräuchlichen Sinn lassen sich die »Museen« des Vatikans nicht vergleichen. Auch wenn diese in jüngster Zeit tatsächlich um einige ausschließlich für Ausstellungszwecke gebaute oder wenigstens frei geräumte Gebäude erweitert wurden, gilt im Prinzip: Der Vatikan selbst, genauer: der über Jahrhunderte durch immer neue An- und Umbauten erweiterte Komplex des Papstpalastes, ist das Museum. Und das heißt umgekehrt: Als Besucher der Museen bewegt man sich nicht nur ständig, auf Schritt und Tritt, durch Räume, in denen sich die Welt-, Kirchen- und Papstgeschichte real vollzogen hat, sondern man befindet sich dabei (selbst wenn einem das oft nicht bewusst wird) auch in engster Tuchfühlung zur Gegenwart und zum Alltag des Vatikans. Oft sind es gerade einmal ein Korridor, eine Deckenmauer oder ein paar Meter Luftlinie, die den Museumsbesucher von den Amtsräumen oder den Wohnungen der Kurienmitglieder und des Papstes selbst trennen.

Selbst diejenigen, denen es nur auf die in den Vatikanischen Museen ausgestellte Kunst ankommt, können angesichts der riesigen Dimensionen leicht in Verwirrung geraten. Zudem lässt sich die Anordnung der Ausstellungsräume für unvorbereitete Besucher kaum durchschauen. Darüber hinweghelfen sollen ausgeschilderte Besichtigungspfade, von deren Bezeichnung man sich allerdings nicht täuschen lassen sollte: Der »kurze« Rundgang kann gut und gern zwei Stunden in Anspruch nehmen, und der »vollständige« Rundgang führt einen keineswegs automatisch durch alle Museumsräume.

Individuelle Neugier hat es hier ebenso schwer wie individuelle Faulheit: Einfach nur herumzuschlendern oder sich an selbst ersonnene Besichtigungspläne zu halten, ist – zumindest offiziell – verboten. *Senso unico* lautet das Motto in den Vatikanischen Museen, zu Deutsch: Einbahnstraßenverkehr. Anders gehe es leider nicht mehr, sagt die Direktion, sonst bräche hier das Chaos aus: Im Durchschnitt betritt alle 1,6 Sekunden ein neuer Besucher die Museen; aufs Jahr gerechnet sind es mehr als drei Millionen, Tendenz steigend.

Individualisten, die die Vatikanischen Museen auf eigene Faust erkunden wollen, müssen sich angesichts dessen ihre Chancen mit List und Tücke erarbeiten. Wer genau weiß, wohin er will, und sich vor (!) seinem Besuch hinreichend in die Lagepläne der Museumsräume vertieft hat, findet sein Ziel auch ohne sich sklavisch an die vorgeschriebenen Routen zu halten. Sich gegen die Richtung der Einbahnstraßen zu bewegen ist dabei, trotz des offiziellen Verbots, manchmal unerlässlich – und, sofern man dabei kein allzu auffälliges Benehmen an den Tag legt, durchaus möglich. Tritt einem doch einmal ein Museumswärter entgegen, sollte man freilich jeden Anflug von Arroganz vermeiden und lieber behaupten, man suche seine etwas gebrechliche Tante, die sei im Gewühl leider zurückgeblieben...

Egal aber, ob man als abenteuerlustiger Individualist hierherkommt oder als Gruppenreisender: Eine gute Kondition braucht man schon für die gern mehr als einen Kilometer lange Schlange vor dem Eingang. Wer sich an der Vatikanmauer nördlich (rechts) des Petersplatzes einreiht, muss vor allem während der sommerlichen Reisesaison mit Wartezeiten bis zu zwei Stunden rechnen. Und wenn man endlich drin ist, beginnt erst der wahre Fitnesstest: Die Länge des »vollständigen« Museenrundgangs beträgt auf dem obligatorischen Besucherpfad fast acht Kilometer, einschließlich zahlreicher Treppenaufstiege und -abstiege und einiger trotz des Einbahnstraßensystems nötiger Um- und Rückwege. Das bedeutet: Allein fürs Durchschreiten der Ausstellungsräume in normalem Fußgängertempo bräuchte man, ohne nur bei einem einzigen Kunstwerk haltzumachen, fast zwei Stunden.

Angesichts dessen ein ernsthafter Rat an alle, die meinen, ein Besuch der Vatikanischen Museen sei so wichtig, dass man ihn selbst ins Programm eines römischen Kurzurlaubs unbedingt hineinquetschen müsste: Vergessen Sie's – außer jeder Menge Stress werden Sie nichts davon haben! Man braucht zum einen eine ganze Menge an Zeit und Gelassenheit für diesen Museumsbesuch und zum anderen: eine gute Vorbereitung.

Ausgestellt sind hier, in weit über 1000 Einzelräumen mehr als 50000 Exponate (die genaue Anzahl kennt, weil die Sammlungen permanent aus- und umgebaut werden, nicht einmal die Museumsdirektion selbst): Da erscheint es fast aussichtslos, auch nur ein einziges Promille der Ausstellungsobjekte ausführlich betrachten zu wollen. Gewiss liegt es da nahe, sich von vornherein auf einige Highlights zu beschränken. Doch abgesehen davon, dass man so nur sieht, was eh schon alle Welt kennt: Gerade dabei kommt man ohne vorbereitende Informationen nicht aus.

Vor allem gilt das für die Sixtinische Kapelle, die, obwohl sie dem Vatikan nach wie vor als Gebets- und

Versammlungsraum dient, in die Vatikanischen Museen integriert ist – als deren mit Abstand prominentestes Glanzstück. Die schon vor ihrer spektakulären, 1994 fertiggestellten Restaurierung weltberühmten Fresken, mit denen Michelangelo im Auftrag des Papstes Julius II. die Decke der unter Sixtus IV. erbauten Kapelle schmückte, erstrecken sich über mehr als 500 Quadratmeter. Dazu kommen noch die nicht von Michelangelo stammenden Fresken an den Seitenwänden: zum großen Teil Meisterwerke bedeutender Maler wie Perugino, Botticelli oder Ghirlandaio, die dennoch von vielen Besuchern im Sixtina-Gewühl glatt übersehen werden beziehungsweise, was einem hier leicht passieren kann, die wegen Reizüberflutung dichtgemachten Aufnahmeschleusen des Besucherhirns nicht mehr passieren.

Mit anderen Worten: Die Sixtinische Kapelle ist schon ein Museum für sich. Und nicht wenige Besucher der Vatikanischen Museen beschränken sich auf dieses einzigartige Meisterwerk. Um auf nahezu direktem – trotzdem nicht wirklich kurzem! – Weg dorthin zu gelangen, folgt man vom Eingang der Vatikanischen Museen an den Markierungen des »Kurzrundgangs«. Und stünde dann ohne kundige Anleitung eher hilflos unter der Bilderflut. Das Jüngste Gericht, ja, das erkennt man zur Not von selbst, auch den alten Adam, dem Gottvater das Leben einflößt, per Übertragung von Zeigefinger zu Zeigefinger, und Noahs Arche. Doch was genau zeigen die anderen Deckenfresken, und wer bitte sind all die Frauen und Männer, die Michelangelo in den vielen Seitenfeldern der Decke und in den Fensterwölbungen dargestellt hat?

Kurzum, hier braucht jeder einen Führer – selbst der

»Máximo Líder«. Kein Witz: Anlässlich seines Besuchs bei Papst Johannes Paul II. im Jahr 1996 besichtigte Fidel Castro die Sixtinische Kapelle. Für den kubanischen Staatschef schien seinen vatikanischen Gastgebern das Beste gerade gut genug, und das Beste war, zum Entzücken Fidel Castros, eine Frau: Maria Serlupi Crescenzi. Die bei den Vatikanischen Museen angestellte Kunsthistorikerin ist immer dann zur Stelle, wenn es prominente Gäste des Papstes kulturell zu betreuen gilt, gleich ob es sich um Königin Elizabeth II. handelt, um Japans Kaiserpaar, Israels Premierminister oder eben um Fidel Castro, der – so erinnert sich seine Führerin – erstaunlich viel übers Jüngste Gericht wie über Michelangelo und andere Lieblingsmaler der Renaissance-Päpste wusste. Im Übrigen war der alte Marxist Fidel keineswegs der Ansicht, der Vatikan besitze allzu viele wertvolle Kunstschätze. Pikiert zeigte sich Castro vielmehr über Leute, die sich einst am Reichtum des Papstes gewaltsam gütlich getan hatten. So wollte er von seiner Führerin wissen, was eigentlich mit der Beutekunst geschehen sei, die unter der Herrschaft Napoleons aus dem Vatikan fortgeschafft worden war.

Ach ja, ein großer Kommunist müsste man sein! Oder wenigstens einer der anderen prominenten Gäste des Papstes, denen eine Sonderführung durch die angenehm menschenleeren Vatikanischen Museen zuteil wird. Menschenleer? Schön wär's, lacht Maria Serlupi Crescenzi: Zwar stehen die Vatikanischen Museen außerhalb der regulären Öffnungszeiten (im Sommer 10 bis 16:45 Uhr, im Winter 10 bis 13:45 Uhr, sonn- und feiertags geschlossen) für Sonderführungen zur Verfügung. Aber nach denen ist die Nachfrage derart gestiegen, dass sich die Besuchergruppen zuweilen selbst dann auf den Füßen herumtrampeln, wenn die Museen eigentlich gar nicht geöffnet sind. (Zugegeben: Wenn Staatsoberhäupter wie Castro oder die Queen da sind, ist das anders, schon aus sicherheitstechnischen Gründen.)

Apropos Öffnungszeiten: Eine verbreitete, dennoch richtig schlechte Idee ist es, sich für den Museumsbesuch den letzten Sonntag eines Monats vorzumerken. Da sind die Museen zwar von 10 bis 13:45 Uhr bei freiem Eintritt geöffnet, dafür strapaziert man an diesen Tagen über die Maßen Geduld und Nerven, bis man überhaupt hineinkommt. Und drinnen ist es dann fast in allen Räumen so voll wie sonst nur in der Sixtinischen Kapelle. Da hilft kein frühes Aufstehen und kein schlaues Verschieben des Museumsbesuchs auf die Zeit der mittäglichen Siesta oder in unfreundliche Wintermonate: In der Sixtinischen Kapelle steht unsereiner am Ende doch wieder eingeklemmt zwischen Hunderten von Mitbesuchern unter Michelangelos Fresken. Und statt auf die charmante Dottoressa Crescenzi muss er sich – man sieht nur, was man weiß! – in der Regel auf einen gedruckten Führer oder einen der am Eingang erhältlichen Audio-Guides verlassen.

Übrigens: Wer sich nicht schon vor Reiseantritt nach einschlägigen Büchern umgetan hat (eine breite Auswahl an deutschsprachiger Vatikanliteratur findet sich in der Herder-Buchhandlung, Piazza Montecitorio 120, nahe dem italienischen Parlamentsgebäude), greife zum handlichen offiziellen Führer der Edizioni Musei Vaticani, der dank seiner genauen Standortverzeichnisse und Übersichtspläne nicht nur beim Besuch der Museen, sondern ebenso in der Peterskirche und in den Vatikanischen Gärten zumindest für eine gute Orientierung sorgt.

Statt sich in erster Linie auf Bilder und Skulpturen zu konzentrieren, kann man einen Besuch der Vatikanischen Museen allerdings auch auf ganz andere und mindestens ebenso spannende Art angehen: als Erkundung der Ausstellungsräume als solcher und ihrer Bedeutung für Geschichte und Gegenwart des Vatikans. Die Kunst wird dabei nicht zu kurz kommen. Gerade wer nicht von Highlight zu Highlight hetzt, um ja nichts zu verpassen, sondern halbwegs gelassen durch die Säle und Korridore spaziert, wird dabei immer wieder von bemerkenswerten Entdeckungen überrascht werden.

Fest versprochen: Jeder, der in den Vatikanischen Museen eben da genauer hinschaut, wo die meisten anderen vorbeirennen, wird sie mit einer ganzen Liste von Geheimtipps verlassen. Und wunderbarerweise lässt sich der Vorgang beliebig erneuern: Nach jedem Museumsbesuch werden neue, andere Privatentdeckungen auf der Liste stehen. Mehr mögen wir hier nicht verraten, zum einen, weil dieses Buch keinen Kunstführer ersetzen kann und will, und zum anderen, weil die Geheimtipps dann ja keine mehr wären.

Über ein Ausstellungsobjekt wollen wir allerdings doch noch ein paar Sätze mehr verlieren. Es werden sogar einige Buchseiten werden; schließlich reden wir von dem zumindest im Wortsinn größten aller hier gezeigten Werke. Merkwürdigerweise fällt es trotzdem nur den allerwenigsten Besuchern als solches auf: das in Hunderten von Jahren entstandene und zusammengewachsene Gebäudeensemble der Vatikanischen Museen selbst.

Um uns ihm angemessen anzunähern, wenden wir uns, noch bevor wir die neue Eingangshalle betreten, erst einmal dem Ausgang zu. Ein etwas verwirrendes Vorgehen, schon wahr, aber schließlich haben wir es mit einer Einrichtung zu tun, in der das Naheliegende und das Fernliegende so sehr ineinander verwoben sind, dass sie sich kaum auseinanderhalten lassen. Es ist wie mit dem Unterschied von Schein und Sein, oder gar dem von Kunst und Leben: Wo genau das eine beginnt und das andere aufhört, ist schwer zu sagen.

In Wahrheit, so hat es der große deutsche Vatikanologe Reinhard Raffalt exzellent auf den Punkt gebracht, sind die Vatikanischen Museen ein »labyrinthisches Welttheater«. Genial in Stein übersetzt hat diesen Befund der Architekt Giuseppe Momo. Der baute 1932 als Zugang zu den Museen eine sich nach oben schraubende Steinspirale, genauer gesagt, zwei davon (eine für den Auf- und eine für den Abstieg der Besucher), die ineinander verschlungen scheinen und sich doch nie begegnen. Und als ob dies noch nicht genug erhabene Verwirrung gestiftet hätte, verkleidete der Bildhauer Antonio Maraini die Geländer komplett mit Bronzereliefs. Momos Steinspiralen wirkten infolgedessen, von außen betrachtet, wie riesige Metallkonstruktionen.

Kein Museum der Welt konnte sich eines derart spektakulären Eingangs rühmen. »Konnte« deshalb, weil auf die Dauer nicht einmal beide Rampen zusammen die wachsende Flut der ein- und ausströmenden Besucher zu bewältigen vermochte. Zudem hatte der Zeitgeist des modernen Museumsdesigns mittlerweile den Vatikan gestreift: Was sich jahrhundertelang als ein nach unerforschlichen Prinzipien angeordnetes Sammelsurium der schönen Künste präsentiert hatte, sollte nun den Ansprüchen eines möglichst publikumsfreundlichen Ausstellungskonzepts angenähert werden.

Angesichts der Dimensionen der Sammlungen lief das auf eine Sisyphusarbeit hinaus. Dennoch ging man sie beherzt an. Und machte den neuen Geist, mit einer für den Vatikan eher untypischen Dynamik, auch gleich durch den Bau einer neuen, mehrgeschossigen Eingangshalle (links vom alten Museumseingang) sichtbar. Weil sie optisch vor allem von großzügig gestalteten Servicetheken dominiert wird, sieht es hier nun zumindest auf den ersten Blick genauso aus wie in anderen großen Museen der Welt. Das heißt zugleich: Man könnte glatt vergessen, dass man sich im Vatikan befindet.

Gewiss, die neue, in schickem Schwarzweiß gehaltene Aufgangsrampe soll in ihren Drehungen an Momos Doppelspirale erinnern. Aber das merkt nur, wer die alte Konstruktion kennt. Immerhin, wie schon die alte führt einen auch die neue Rampe rasch hinauf ins obere Stockwerk des Empfangsgebäudes (Cortile delle Corazze) und von dort zum eigentlichen Ausgangspunkt der Museumsrundgänge, dem Atrio und dem angrenzenden Vestibolo dei Quattro Cancelli. »Cancelli« heißt Gitter – und wo Gitter sind, sind keine Wände. Mit anderen Worten: Man kann von hier aus ins Freie schauen, ja sogar gehen, und sich auf diese Weise Gewissheit über den eigenen Standort verschaffen.

Vor uns liegt ein rechteckiger Hof, der Cortile della Pigna, so benannt nach einem großen Pinienzapfen aus Kupfer, der an der nördlichen Schmalseite (das ist die, an der wir gerade stehen) vor einer noch größeren Wandnische aufgebaut ist. An dieser Stelle scheiden sich die Geister. Es gibt Leute (die allermeisten, muss man fürchten), die denken: »Na schön, ein komischer Pinienzapfen und ein etwas öde wirkender Hof – wo bitte geht's denn nun endlich zu den Kunstsammlungen?«

Diese Leute werden in den folgenden Stunden jede Menge Gemälde und Skulpturen zu sehen bekommen, aber vom Vatikan, seiner Geschichte und schon gar von seinem faszinierend widersprüchlichen Wesen werden sie dabei kaum etwas begreifen. Wie soll der etwas verstehen, der nicht einmal die naheliegenden Fragen stellt? Und welche Fragen lägen näher als die, wieso um alles in der Welt hier ein vier Meter hoher Pinienzapfen auf einer wie ein großer Freiluftaltar wirkenden Bühne steht und wozu dieser merkwürdige, von vier eher abweisend wirkenden Gebäuden eingegrenzte Hof eigentlich gut sein soll?

Einleuchtend beantworten lassen sich diese Fragen nur anhand einer ganz kurzen Zeitreise durch die Geschichte der Päpste. Sie startet an der Schwelle vom Mittelalter zur Neuzeit. Damals stand noch der Vorgängerbau der alten Peterskirche. Von dort erstreckte sich das Gelände, auf dem heute der Cortile della Pigna liegt, als sanft ansteigende Brachfläche bis hinauf zur (heute als solche kaum noch wahrnehmbare) Gipfelkuppe des Vatikanischen Hügels. Das kaum bebaute Areal verfiel vollends im 14. Jahrhundert, als sich die Päpste, oder jedenfalls manche Päpste (damals traten oft zwei und gelegentlich sogar drei Päpste zur gleichen Zeit auf), ins französische Avignon zurückzogen.

Die Entstehung des heutigen Vatikans (und zumindest schon die geistige Geburtsstunde der Vatikanischen Museen) schlug erst um die Mitte des 15. Jahrhunderts, nachdem es Papst Nikolaus V. gelungen war, die Kirchenspaltung endgültig zu überwinden. Italien und mit ihm die nun wieder tatsächlich *römisch*-katholische Kirche hatten mittlerweile den Humanismus entdeckt: die Rückbesinnung auf die klassische Kultur der Antike und damit die Konzentration des Denkens und der schönen Künste auf das menschliche Individuum.

Zu den vielen hochfliegenden Plänen, die damals entstanden, gehörten zwei große Vorhaben des endgültig aus dem Lateran auf den Vatikanhügel übergesiedelten Nikolaus V.: Er wollte eine neue Peterskirche bauen, und er gedachte eine Papstresidenz zu errichten, die zum Mittel- und Sammelpunkt der gesamten gebildeten Welt werden sollte. Eine wissenschaftliche Akademie mit angegliederter Bibliothek sollte im Vatikan entstehen, dazu ein großzügiger Atelierbau mit Werkstätten für Maler und Bildhauer, ein musikalisches Konservatorium und vieles andere mehr.

Der rasche Tod Nikolaus' V. setzte allerdings den meisten dieser Pläne ein Ende. Immerhin, außer der Gründung der Vatikanischen Bibliothek gelang ihm noch die Errichtung jener Bauten, die bis heute die Grenzen markieren, innerhalb derer sich die heutigen Vatikanischen Museen von Süden nach Norden ausdehnen: zum einen die Erweiterung des alten (und bis heute bestehenden) Palastes am Petersplatz um einen Nord- und einen Ostflügel, in den 30 Jahre nach Nikolaus' Tod die Sixtinische Kapelle eingefügt wurde (ihren quer zur Blickrichtung stehenden Dachgiebel sieht man vom Eingangsgebäude der Museen aus gerade noch links unterhalb der Peterskuppel aufragen), und zum anderen, ganz nahe an unserem gegenwärtigen Standort, ein kleines Kastell, das einige Jahrzehnte später zu einer Sommerresidenz umgebaut wurde. Als Erstes seiner Art erhielt das auf dem höchsten Punkt des Vatikanhügels liegende Gebäude den danach für Sommerresidenzen gebräuchlich gewordenen Namen Belvedere (»Zur schönen Aussicht«).

Das weite Areal zwischen diesen Gebäuden lag jedoch nach wie vor brach. Immer noch – wir befinden uns mittlerweile im Jahr 1500 – stellte der neue Vatikan ein Provisorium dar, noch dazu ein durch die Eskapaden des skrupellosen Borgia-Papstes Alexander VI. ziemlich gefährdetes. Und doch war die geradezu rasante Blütezeit des Vatikans (wenn auch nicht gerade der Frömmigkeit im Vatikan) nun durch nichts mehr aufzuhalten. Im Jahr 1503 kam Julius II. auf den Thron, ein Mann, der seinen Papstnamen erklärtermaßen nicht nach einem Heiligen gewählt hatte, sondern nach Julius Caesar. Sein künstlerischer Berater und Chefarchitekt war seinerseits eine Art Caesar der Baukunst: der vor keinem noch so kühnen Projekt zurückschreckende Donato Bramante. Julius und Bramante begannen nicht nur, den Plan zum Bau der neuen Peterskirche endlich in die Tat umzusetzen; sie bebauten auch den lang gezogenen Hügelabhang nördlich des Petersplatzes und legten damit die Grundstrukturen der heutigen Vatikanischen Museen fest.

Es war zu allen Zeiten so: Wer auf sich hielt und der Mitwelt beweisen wollte, welch großartigen Geschmack er besaß, sammelte Kunst. Julius II. hatte schon als Kardinal eine schon seinerzeit berühmte Apollostatue erworben. Und nachdem er Papst geworden war, meldete ihm ein wackerer Untertan namens Felice de Fredis, dass er in seinem Weinberg versehentlich ein paar womöglich recht alte Marmorfiguren ausgegraben hatte. Zur näheren Recherche schickte der Papst einen Vertrauten in den Weinberg; diesem Vertrauten schloss sich dessen damaliger Hausgast Michelangelo an, und der wiederum identifizierte die Fundsache auf den ersten Blick: Es war die berühmte Laokoongruppe, deren eminente Schönheit bereits der antike Schriftsteller Plinius gerühmt hatte.

Seit die Antike und Plinius in der Renaissance wieder en vogue waren, suchte alle Welt ebenso fieberhaft wie vergebens nach Laokoon und seinen in den Todeskampf mit den Seeschlangen verstrickten Söhnen. Man glaubt den Zufall kaum, durch den sie nun ausgerechnet dem Papst wie von selbst in die Hände fielen. Der Hergang des Fundes, der Meldung und der Identifizierung sind allerdings sehr zuverlässig dokumentiert – manchmal sind eben die unglaublichsten Dinge wahr. Julius II. besaß und erwarb noch viele andere antike Kunstwerke. Doch diese beiden, der Apoll und die Laokoongruppe allein, hätten schon damals ausgereicht, um eine Sammlung weltberühmt zu machen. Die Frage nach dem richtigen Aufstellungsort war rasch beantwortet: Der Papst ließ bei seinem Sommerschlösschen Belvedere einen idyllischen Garten anlegen, in dem seine Skulpturen Platz fanden. Und weil Künstler damals nichts dabei fanden, sich völlig offen von großer Kunst inspirieren zu lassen, entstand ums Belvedere herum sogleich ein buntes Ensemble von Maler- und Bildhauerateliers.

Die Folgen dieser Inspiration sind noch heute zu besichtigen. Nach wie vor stehen die Laokoongruppe und der seither nach seinem vatikanischen Standort benannte Apoll von Belvedere nahe bei der alten päpstlichen Sommerresidenz, auch wenn aus deren Garten mittlerweile der Innenhof (Cortile Ottagono) des erst zu Beginn des 19. Jahrhunderts Wand an Wand mit dem Belvedere errichteten Antikenmuseums Pio-Clementino geworden ist. Und wer sich den Kopf des Apoll gut eingeprägt hat, wird ihn an ziemlich unerwarteter Stelle wiederentdecken: Michelangelo benützte ihn als Vorlage für den Kopf des Weltenrichters Christus, der auf dem Fresko des Jüngsten Gerichts in der Sixtinischen Kapelle Gute und Böse voneinander scheidet.

Mit dem Skulpturenpark des Belvedere war die Grundlage der Vatikanischen Museen Realität geworden, wiewohl von Museen im heutigen Sinn damals nirgends die Rede sein konnte. Im Gegenteil: »Procul este profani« stand über dem Gartentor geschrieben: »Gewöhnliche Menschen haben gefälligst draußen zu bleiben!« Der Umgang mit Kunst und Künstlern war Privileg der allerhöchsten Herrschaften. Und um dieses Privileg standesgemäß nutzen zu können, beschloss Julius II., die fast 300 Meter lange Distanz zwischen seinem Palast an der Peterskirche und dem Belvedere durch einen steinernen Korridor zu überbrücken.

Aus unserer Touristensicht heißt das: Julius ist schuld daran, dass wir vom Petersplatz bis zum Eingang der Vatikanischen Museen einen kleinen Fußmarsch zu absolvieren haben; es geht dabei immer an jenem Verbindungsgang entlang, in dem heute der östliche Längstrakt der

Museen untergebracht ist, und schließlich außen um die Befestigungen des Belvedere herum.

Von unserem Standpunkt über dem großen Pinienhof aus sehen wir das ehemalige Lustschloss links vor uns; das Gebäude gegenüber ist ein Teil des Verbindungskorridors zwischen Belvedere und Apostolischem Palast. Den Hof als solchen gab es zu Julius' Zeiten noch nicht; es fehlte das Portalgebäude des Atrio Quattro Cancelli, vor dem wir gerade stehen, und es fehlte vor allem der hier ansetzende zweite Korridorbau. Bramante allerdings hatte den westlichen Korridor bereits geplant, und nicht nur diesen: Zwischen beiden Verbindungsgängen sollte ein riesiger Fest- und Turnierhof entstehen, abgeschlossen von einer steinernen Bühne an der dafür umgebauten und mit einer großen Steinnische versehenen Rückwand des Belvedere, wo Bramante einen wahrlich cäsarenhaften Papstthron zu installieren gedachte.

Das triumphalistische Arrangement wäre eines Kaiser Nero würdig gewesen – da wundert man sich als Christenmensch nicht, dass der liebe Gott dem Selbstverherrlichungsstreben seines römischen Stellvertreters durch dessen Tod ein abruptes Ende setzte. Erst 50 Jahre später erinnerte sich Papst Pius IV. an Bramantes Pläne. Dieser Pius muss ein recht lebenslustiger Mensch gewesen sein (man erkennt es auch daran, dass er drei uneheliche Kinder mit in den Vatikan brachte), weswegen es ihm weniger um seine Selbstinszenierung als ums Veranstalten von Volksfesten, Pferderennen, Turnieren und ähnlichen Vergnügungen ging. Um denen einen prächtigen Rahmen zu geben, ließ er den Westkorridor und damit den großen Platz zwischen den beiden Verbindungsgängen nach Bra mantes Plänen errichten, einschließlich der Riesennische an der Rückwand des Belvedere. Seinen Papstthron aber mochte Pius dort nicht aufstellen lassen; er sah sich die drunten im Hof dann tatsächlich veranstalteten Volksbelustigungen lieber von einem Fenster des von Papst Nikolaus V. erbauten Nordflügels seines Palastes aus an.

Für uns, die wir vom Belvedere her in jenen Hof schauen, stellt sich da allerdings die Frage, wieso wir dann nicht von hier aus die Fenster des alten Papstpalastes sehen können. Stattdessen blicken wir auf eine Art steinernen Querriegel zwischen den beiden zum Petersplatz hin verlaufenden Korridoren, den sogenannten Braccio Nuovo. Zu Deutsch heißt das »neuer Arm«; »neu« deswegen, weil sich dahinter, von unserem Standort aus nicht sichtbar, ein älterer Quertrakt befindet. Diesen »alten Arm« ließ Sixtus V. errichten, weil er Platz für die stetig anwachsende Vatikanische Bibliothek brauchte, die dort bis heute untergebracht ist. Schluss mit lustig, sollte das heißen: Die Volksfeststätte zwischen Petersplatz und Belvedere überlebte ihre Einweihung um kaum einmal 20 Jahre.

Wissenschaftliche Literatur statt Reiterturnieren – deutlicher hätte sich der Abschied des Papsttums von der lebenslustigen Renaissance und der Eintritt ins Zeitalter der Vernunft nicht machen lassen als mit dieser Entscheidung des energischen Sixtus V., dem seine kurze Amtszeit (1585–1590) ausreichte, um außerdem den Bau der Petersdomkuppel nach Michelangelos Modell ins Werk zu setzen, den Papstpalast um einen zusätzlichen Trakt am Petersplatz zu erweitern, ein Krankenhaus für 2000 Patienten und eine neue Wasserleitung für die Stadt Rom zu bauen und trotz alledem die Finanzen des Vatikans zu sanieren. Was machte es angesichts dessen, dass die Errichtung des Bibliotheksgebäudes den von Bramante so grandios geplanten Belvederehof in zwei ziemlich unspektakuläre Innenhöfe zerteilte?

Allerdings, die ursprünglichen Proportionen des Platzes waren damit endgültig dahin. Ob da nun ein weiterer Querriegel hinzukam, war ästhetisch gesehen im Grunde egal. Erstaunlicherweise hat es trotzdem weit mehr als 200 Jahre gedauert, bis Papst Pius VII. den zweiten Querbau errichten ließ, eben den Braccio Nuovo. Und damit sind wir erstaunlicherweise noch einmal bei Fidel Castro angekommen und seiner Frage nach der während Napoleons Herrschaft aus dem Vatikan entführten Beutekunst: Der größte Teil davon wurde nach Napoleons Sturz nach Rom zurück- und im Braccio Nuovo untergebracht.

Alles klar? Nicht ganz. Noch bleibt aufzuklären, wie der große Pinienzapfen hierherkam, der dem Cortile della Pigna seinen Namen gab. Rein technisch ist das rasch erzählt: Der im ersten oder zweiten Jahrhundert nach Christi Geburt entstandene Zapfen stand zunächst wohl auf dem römischen Marsfeld und vom Ende des achten Jahrhunderts an in einem Brunnen im Vorhof der alten Peterskirche. Nach deren Abbruch wurde er im Belvedere gelagert und schließlich am Anfang des 17. Jahrhunderts hier draußen vor der Nische aufgestellt, an dem Platz also, den Bramante einst für den Papstthron vorgesehen hatte. Das sind im Wesentlichen die Informationen, die in den Vatikanischen Museen und im offiziellen Museumsführer über diese Skulptur in Erfahrung zu bringen sind – und die sich über den Punkt, der uns am meisten interessieren würde, in vornehmes Schweigen hüllen: Was bitte bedeutet der Zapfen, was soll er darstellen? Kann es denn sein, dass...?

Ja, es kann. Forscht man genauer nach, bestätigt sich der Verdacht, der jeden kunsthistorisch halbwegs Versierten befällt, sobald er ein irgendwie zapfenförmiges Kulturobjekt wahrnimmt: Das Ding ist ein monumentales Phallussymbol. Etwas weniger drastisch ließe sich der Sachverhalt vielleicht durch die Feststellung ausdrücken, der Zapfen sei ein Symbol für Dionysos. Nur liefe das im Ergebnis auf das Gleiche hinaus; denn das Symbol für Dionysos, den antiken Gott der Lüste, war eben von alters her ein aufgerichteter Phallus.

Ein heidnischer Phallus mitten im Vatikan, aufgerichtet an einer derart exponierten Stelle, einer Stelle dazu, an der ursprünglich ein Papstthron stehen sollte – lässt sich Seltsameres denken? Wie man's nimmt. Die Christen des frühen Mittelalters scheinen das schuppige Zapfenmonster nicht als sonderlich anstößig empfunden zu haben. Jedenfalls kannten sie seine wahre Bedeutung genau; das beweist die Tatsache, dass sich die Skulptur nicht nur, wie die Direktion der Vatikanischen Museen verschämt formuliert, in einem Brunnen vor der Peterskirche befand, sondern dass sie selbst der Brunnen war: Aus der Spitze des Zapfens schoss ein kräftiger Wasserstrahl hervor, um sich dann in das Brunnenbecken zu ergießen. Diesen eindeutigen Effekt zu wiederholen hat man bei der Neuaufstellung der Skulptur im Cortile della Pigna allerdings doch lieber unterlassen – eine schwer erklärbare, jedoch für den Vatikan ziemlich typische Mischung von Mut und Verzagtheit.

Wieso aber hat man den Zapfen überhaupt hier aufgestellt? Vorsicht: Wer sich ernsthaft auf diese Frage einlässt (oder sie gar nächtelang mit katholischen Theologen diskutiert), taucht unweigerlich hinab in die Urgründe nicht nur der Religion, sondern des menschlichen Geistes- und Gefühlslebens überhaupt. Oft bemüht wird in diesem Zusammenhang der Begriff der »Inkulturation«. Gemäßigt und wohlmeinend lässt sich der als Vermittlung von Werten und Inhalten der eigenen Kultur mit Hilfe der Begriffs- und Formensprache einer fremden Kultur definieren. Bösartiger könnte man unter Inkulturation schlicht das Aufsaugen einer Kultur durch eine andere verstehen.

Das Christentum jedenfalls verdankt seinen fast unfassbar erfolgreichen Siegeszug nicht zuletzt seiner großen Fähigkeit zur Inkulturation. Beispiele dafür sind nicht nur formale Harmlosigkeiten wie die Übernahme der heidnischen Wintersonnwendfeier als Weihnachtsfest oder die Verwendung orientalischer Harmonien und Gesangstechniken im bis heute gepflegten Kirchenchoral. Im Grunde, wir haben das in diesem Buch bereits angedeutet, war selbst die Etablierung des Papsttums und der katholischen Kirche als Weltmacht insoweit Teil eines Inkulturationsprozesses, als sie sich in vielem an die Tradition des von ihr überwundenen, aber in diesem Sinn eben auch weitergeführten römischen Kaiserreichs anlehnte.

Das Wort »katholisch« bedeutet ja so viel wie »allesumfassend«. Insofern sind die Vatikanischen Museen gerade deshalb eine sehr katholische Institution, weil sie ihre Besucher mit vielen kulturellen Erzeugnissen konfrontieren, die an diesem Ort eher nicht zu erwarten wären. Zu den spannendsten Ausstellungsteilen gehören neben den berühmten Sammlungen griechischer und römischer Kunst beispielsweise das Etruskische und das Ägyptische Museum, die imposante Landkartensammlung, aber auch die auf islamische, asiatische und indianische Kunst spezialisierte Werkschau des Missionarisch-Ethnologischen Museums (das sich, nebenbei gesagt, direkt von der Eingangshalle her betreten lässt).

»Christliche« Kunst im engeren Sinn ist dagegen unter den 50 000 Exponaten jedenfalls statistisch in der Minderheit. Es sei denn, man interpretiert die Botschaft der Vatikanischen Museen dahingehend, dass der christliche Katholizismus sich tatsächlich als Teilhaber oder zumindest als Dialogpartner aller Kulturen versteht.

Zurück ins antike Rom: Selbst die dort übliche Methode, heidnische Götter für die eigene Religion zu adaptieren, haben manche frühen Christen zu übernehmen versucht. Durch viele Forschungen belegt ist die christliche Verehrung des mythologischen Sängers und Halbgottes Orpheus, der als eine Art Vorläufer von Jesus empfunden wurde, einerseits in seiner Eigenschaft als guter Hirte (Orpheus verstand es, selbst die wildesten Tiere durch seine Musik zu zähmen) und andererseits, weil es Orpheus der Sage nach gelungen war, in die Totenwelt hinab- und daraus wieder hervorzusteigen.

Zugleich verehrte man mit Orpheus die Fähigkeit zur sinnlichen Selbstentgrenzung: In hemmungsloser Hingabe an Musik und Tanz sollten die Schranken zwischen Himmel und Erde aufgehoben werden. So mischte sich die antike Orpheusverehrung nicht selten mit den Dionysoskulten, bei denen auch die als göttlich empfundene Sexualität vielfach orgiastisch gefeiert wurde. Sexualität bedeutet aber zugleich Weitergabe des Lebens, und unter eben diesem Aspekt hat man denn die Skulptur hier im Cortile della Pigna gelegentlich zu inkulturieren versucht: So wie der dem dionysischen Phallus (und dem Pinienzapfen) entspringende Samen ermögliche die christliche Botschaft der Menschheit das zukünftige Leben.

Ein starkes Stück bleibt dieses Monument der Sexualitätsverehrung dennoch, gerade weil man es mitten im katholischen Vatikan aufgestellt hat – und es bis heute dort stehen lässt. Was wohl der liebe Gott dazu sagt? Wie wir ihn kennen, lacht er darüber ganz herzlich.

Als Pilger durch Rom

Der Besuch der sieben großen Wallfahrtskirchen war und ist eine anstrengende Tour – und bleibt damit durchaus einen Ablass wert

Der Satz, die Stadt Rom sei nach wie vor der wichtigste Wallfahrtsort für die Katholiken aus aller Welt, klingt derart nach Binsenwahrheit, dass man ihn sich kaum hinzuschreiben traut. Bis heute stehen ja »Pilgerreisen nach Rom« auf dem Programm vieler Reisebüros, nicht mehr zu Fuß, versteht sich, sondern per Bahn, Bus oder Flugzeug. Immer noch findet man als Vatikanbesucher günstige Unterkunft und Verpflegung in den zahlreichen Pilgerherbergen oder Hospizen (in der Regel kleine, einfach ausgestattete Hotels) rund um den Petersplatz, immer noch vermitteln nationale Pilgerbüros diese Unterkünfte und kümmern sich auch sonst mit Rat und Tat um die Anliegen aller, die sich an sie wenden. Übrigens auch aller Nichtkatholiken – man muss da nirgends einen Taufschein vorzeigen. Das deutsche Pilgerzentrum befindet sich unmittelbar links vor dem Petersplatz im wunderschön begrünten Innenhof des Palazzo Cardinal Cesi, dessen einer Teil die römische Zentrale des Salesianerordens beherbergt und dessen anderer Teil zu einer Art Kreuzung zwischen Pilgerhospiz und Luxushotel ausgebaut wurde.

Angesichts all dieser Pilgerreisenden und Pilgerherbergen und Pilgerbüros klingt es einigermaßen paradox, wenn wir behaupten, in Wahrheit sei Rom als christlicher Wallfahrtsort längst aus der Mode gekommen, ja nahezu in Vergessenheit geraten. Und doch ist da etwas dran. Klar, wer heute als Tourist nach Rom kommt, hat einen Besuch der Peterskirche und der Vatikanischen Museen in der Regel auf seinem Pflichtprogramm stehen. Und falls es sich günstig trifft, versuchen viele bei dieser Gelegenheit den Papst zu sehen respektive »zu besichtigen« – sei es am Sonntagmittag auf dem Petersplatz oder während einer großen Mittwochsaudienz. Nur, als »Pilgerfahrten« lassen sich diese Unternehmungen allenfalls im übertragenen Sinn bezeichnen; mit dem frommen Kern einer wirklichen Wallfahrt haben sie so gut wie nichts zu tun.

Keine Angst: Wir haben nicht vor, den weltlichen Romreisenden der realen Jetztzeit den rechten Christenglauben einzubläuen oder widrigenfalls ihren Vatikanbesuchen den wahren Wert abzusprechen. Aber schön wäre es – und sei es nur aus kulturhistorischen Gründen – ja vielleicht doch, sich zumindest mit dem äußeren Verlauf einer klassischen Romwallfahrt vertraut zu machen oder ihn gar konkret nachzuvollziehen.

Einer solchen Unternehmung steht nichts im Wege – es sei denn der innere Schweinehund. Wer nicht alt, krank oder sonst gebrechlich ist, muss wohl oder übel dran glauben: Ein echter Pilger ging und geht zu Fuß. Nicht unbedingt *nach* Rom, das taten sich schon in früheren Zeiten nur ganz Fromme oder ganz Arme an, aber doch *in* Rom. Und bloß mit einem Besuch im Vatikan war es dabei ganz und gar nicht getan, jedenfalls nicht nach den Vorschriften, die Papst Bonifaz VIII. im Jahr 1300 erließ, als im Vatikan zum ersten Mal ein Heiliges Jahr gefeiert wurde.

Heiliges Jahr? Wieso ein Jahr heilig sein sollte, zumindest heiliger als andere Jahre, lässt sich nicht theologisch, sondern allenfalls kalendarisch begründen: Aufgrund unserer westlichen Zeitrechnung – vor beziehungsweise nach Christi Geburt – feiert die Kirche in solchen Jahren jeweils runde Geburtstage. Ursprünglich hießen solche Jahre deswegen einfach nur »Jubeljahre«, was einleuchtend klingt und doch auf einen eher komplizierten Zusammenhang hinweist. Bonifaz VIII. nämlich bezog sich seinerzeit ausdrücklich auf die jüdischen Wurzeln des kirchenlateinischen Worts »jubilare«. Das geht auf das jüdische »Jobel« zurück, welches seinerseits den Ton eines Widderhorns bezeichnet, der im alten Israel alle sieben mal sieben Jahre an die Befreiung der Juden aus ihrer Gefangenschaft in Babylon erinnerte. Verknüpft war der jüdische »Jobel« mit einer enorm populären Maßnahme: einer allgemeinen Schuldenbefreiung.

Mit der Einführung katholischer Jubeljahre versuchte der Papst diese Tradition aufzunehmen und sie ins Christliche umzudeuten. Praktisch gesehen hieß das: Neben den geistlichen Feierlichkeiten musste ein handfester Vorteil her, der den Gläubigen auch einen individuellen

Anlass zum Jubeln gab. An die Stelle eines allgemeinen Erlasses aller Geldschulden (so etwas konnte damals ohnehin kein Papst mehr verfügen) setzte Bonifaz VIII. die Befreiung von den »himmlischen Schulden«, also den Zeitstrafen, die sich die Menschen entsprechend den damals gültigen Sündenkatalogen im Verlauf ihres Lebens eingehandelt hatten. Statt sein Strafregister im Fegefeuer abzubüßen, konnte man es nun durch religiöse Übungen wie Gebete oder eben Wallfahrten abarbeiten. Gewöhnlich ging das stückweise vor sich; doch zum Heiligen Jahr versprach der Papst einen vollkommenen Ablass. Der allerdings wurde mit einer besonderen Bedingung verknüpft: Um all ihre Sündenstrafen auf einmal loszuwerden, mussten die Pilger sieben römische Kirchen nacheinander aufsuchen – zu Fuß und an einem einzigen Tag.

Diese Regelung wurde beibehalten, auch außerhalb der Heiligen Jahre, die in der Folgezeit nicht nur alle 100 Jahre, sondern oft in wesentlich kürzeren Abständen – derzeit sind es 25 Jahre – wiederholt wurden. Vielleicht klingt es allzu oberflächlich, wenn man die Heiligen Jahre als groß angelegte PR-Aktionen für den Vatikan als Zentrum der katholischen Kirche bezeichnet. Unbestreitbar ist jedoch, dass sie nicht nur von den Gläubigen, sondern mittlerweile von Menschen aus aller Welt vor allem ihres Eventcharakters wegen wahrgenommen werden, wobei – das ist die andere Seite der Medaille – der Vatikan davon sehr viel weniger profitiert als die römische Tourismusindustrie.

Im Vergleich zu den Millionen, die während des letzten Heiligen Jahres – 2000 – nach Rom strömten, war die Zahl jener, die bei der Gelegenheit tatsächlich zu allen sieben Wallfahrtskirchen gepilgert sind, kaum der Rede wert. Die meisten dürften es bei einem Besuch des Petersdoms belassen haben, der selbstverständlich den ersten Platz unter den Wallfahrtskirchen einnimmt. Doch zumindest aus religionsgeschichtlichem Blickwinkel stehen die anderen sechs – Santa Maria Maggiore, San Giovanni in Laterano, Santa Croce in Gerusalemme, die beiden außerhalb der alten Stadtmauern *(fuori le mura)* liegenden Kirchen San Paolo und San Lorenzo sowie San Sebastiano ad Catacumbas – auf der Rangliste der nahezu unzähligen römischen Kirchen ebenfalls ganz oben.

Gern verwechselt werden die Wallfahrtskirchen übrigens mit den römischen Patriarchalbasiliken. Diesen hochoffiziellen Titel führen jene Kirchen, die direkt dem Papst unterstehen; als Besucher erkennt man sie daran, dass sie über einen päpstlichen Thron, einen eigenen Papstaltar und eine sogenannte Heilige Pforte verfügen; das ist ein normalerweise zugemauerter Eingang, der nur am Beginn eines Heiligen Jahres feierlich geöffnet wird. Und: Auch die drei außerhalb der vatikanischen Grenzen liegenden Patriarchalbasiliken (die Laterankirche, Santa Maria Maggiore und San Paolo fuori le mura) gehören zum extraterritorialen Besitz des Vatikans. Faustregel also: Nicht alle römischen Wallfahrtskirchen sind Patriarchalbasiliken, aber alle Patriarchalbasiliken gehören zu den Wallfahrtskirchen.

Wir haben's – wozu gibt es all die Routenplaner im Internet – ganz genau nachgemessen: Die kürzeste begehbare Linie, die die sieben Wallfahrtskirchen miteinander verbindet, hat eine Gesamtlänge von 17,4 Kilometern. Theoretisch wäre das durchaus an einem Tag zu Fuß zu schaffen. Doch in der Praxis und angesichts des römischen Dauersmogs mag man das keinem mehr zumuten, nicht einmal einem auf den vollkommenen Ablass erpichten armen Sünder. Selbst im Vatikan sieht man das so und hat die Ablassanforderungen drastisch reduziert: Mittlerweile genügt schon der Besuch einer der sieben Wallfahrtskirchen. Keine geringe Rolle dürfte dabei gespielt haben, dass innerhalb der katholischen Theologie die traditionelle Vorstellung vom Fegefeuer und den darin abzusitzenden Sündenstrafen schwer ins Wanken geraten ist.

Dennoch: Die sieben Wallfahrtskirchen oder zumindest einige von ihnen aufzusuchen bleibt weiterhin eine gute Idee. Schließlich bietet sich so die Gelegenheit, auch die außerhalb der vatikanischen Mauern liegenden Teile des Vatikans kennenzulernen.

Beginnen könnte so eine moderne Wallfahrt ganz in der Nähe der Stazione Termini, des römischen Hauptbahnhofs. Der liegt, obwohl man das vom riesigen (und hässlichen) Bahnhofsvorplatz aus kaum wahrnimmt, am Fuß des Esquilins, eines der sieben Hügel des antiken Rom. Auf dem wiederum erhebt sich eine der prominentesten römischen Kirchen überhaupt: die Patriarchalbasilika Santa Maria Maggiore.

Dass diese Kirche staatsrechtlich zum Besitztum des Vatikans gehört, kann man in den Lateranverträgen nachlesen. Sofort sichtbar aber wird beim Betreten des Innenraums, dass wir es hier mit einer Papstkirche zu tun haben: der hohe barocke Baldachin über dem Papstaltar ist Berninis berühmtem Baldachin in der Peterskirche deutlich nachempfunden. Die Parallelen zum »Original«-Vatikan gehen aber noch weiter: Wie dort findet sich hier eine Sixtinische Kapelle. Doch während die Sixtinische Kapelle des Vatikans auf Papst Sixtus IV. zurückgeht, stand für die Capella Sistina in Santa Maria Maggiore der gut 100 Jahre später amtierende Sixtus V. Pate.

Die Sixtinische Grabkapelle und die ihr gegenüberliegende Capella Paolina (sie beherbergt die Gräber zweier weiterer Päpste, nämlich Pauls V. und Clemens' VIII.) mit ihren großen Kuppeln prägen die Außenansicht von Santa Maria Maggiore, die deswegen wie ein typisch römischer Barockbau wirkt. Doch da trügt der Schein gewaltig. Die Basilika entstand bereits im Altertum, wahrscheinlich nach 431, und ist trotz aller Um- und Anbauten in ihrem architektonischen Kern bis heute erhalten geblieben.

Ein gutes Stück jenseits des Bahnhofs liegt die Wallfahrtskirche San Lorenzo fuori le mura, die im 13. Jahrhundert durch die Vereinigung zweier getrennter, aber unmittelbar aneinandergrenzender älterer Kirchen entstand. Abgesehen davon bietet San Lorenzo kaum genug Interessantes, um hier länger zu verweilen. Sehenswerter ist, auch wenn das streng genommen nicht hierher gehört, der große, bei der Kirche liegende Friedhof Campo Verano: Nirgends sonst, nicht einmal auf den berühmten Pariser Friedhöfen Père Lachaise und Montmartre, hat die Grabmalsphantasie so spektakuläre und so hinreißend kitschige Blüten getrieben wie hier. Ob Opernsänger oder Oberstaatsanwalt, ob Professorengattin oder blutjunges Mädchen: Im Schatten schwarzer Zypressen halten die Toten hier als mal »lebensecht« realistische, mal ausdrucksvoll verklärte Marmor- und Alabasterstatuen Wache an ihren eigenen Gräbern, und

Schutzengel jeglicher Gestalt und Größe geben stumm ihren Segen dazu: Kein Auge, das da trocken bleiben könnte.

Weil der Campo Verano als größter römischer Friedhof von einem halben Dutzend Buslinien angefahren wird, bildet die benachbarte Wallfahrtskirche San Lorenzo den idealen Ausgangspunkt für eine Art Mini-Pilgerpfad oder, weltlich gesprochen, für einen etwas ausgedehnteren Spaziergang durch das außerhalb des historischen Zentrums liegende Alltagsrom.

Weiter geht es zunächst über die alte Pilger- und Heeresstraße Via Tiburtina, die das Stadtzentrum mit dem alten römischen Kurort Tivoli verbindet; wir folgen ihr stadteinwärts und genießen dabei die Atmosphäre, die mit ihren zahlreichen Bars und kleinen Geschäften vor allem durch die unmittelbare Nachbarschaft zur größten (nicht-vatikanischen) römischen Universität geprägt ist.

Über die Via dei Reti oder die Via dei Sardi (beide zweigen nach links von der Tiburtina ab) erreichen wir die Viale dello Scalo San Lorenzo, die über den weiten Platz Largo di Passamonti zur Porta Maggiore führt, einem eindrucksvoll erhaltenen Tor der antiken römischen Stadtmauer. Von hier aus sind es nur noch ein paar Schritte (durch die Via Eleniana) nach Jerusalem.

Nach Jerusalem? Ganz richtig. Der Name der großen Wallfahrtskirche Santa Croce in Gerusalemme ist ganz wörtlich gemeint: Er bezieht sich nicht etwa darauf, dass das Kreuz Christi in Jerusalem aufgerichtet wurde (das versteht sich ja ohnehin von selbst), sondern weist die Pilger darauf hin, dass sie hier tatsächlich auf Jerusalemer Boden stehen. Streng genommen gilt das allerdings nur für die unterhalb des heutigen Kirchenbaus liegende Kapelle der heiligen Helena. Sie, die Mutter Kaiser Konstantins des Großen, hatte (angebliche) Teile des Kreuzes Christi – einige Holzstücke, einen Nagel, die über dem Haupt des Gekreuzigten befestigte Tafel mit der Aufschrift INRI (Jesus von Nazareth, König der Juden) – nach Rom gebracht. Deswegen hat man das Fundament der Helena-Kapelle, in der diese Reliquien bis heute aufbewahrt werden, aus Originalerde vom Kalvarienberg in Jerusalem errichtet.

Abgebildet ist Helena (neben Christus, den vier Evangelisten, den Aposteln Petrus und Paulus sowie Papst Silvester I.) auf dem im fünften Jahrhundert entstandenen (allerdings 1000 Jahre später komplett renovierten) Gewölbemosaik der Kapelle. Auch die Wallfahrtskirche darüber geht auf antike Grundmauern zurück. Im 12. Jahrhundert wurde sie umgebaut, doch erst eine Allerweltsbarockisierung im 18. Jahrhundert hat ihr künstlerisches Schicksal – wie, leider Gottes, das so vieler anderer römischer Kirchen – vollends besiegelt.

Ach ja, der Barock... Ursprünglich bedeutet das auf nicht ebenmäßig runde, also missratene Perlen angewandte Wort *barocco* »hässlich«. Und wiewohl einige der schönsten Kirchen (wie Il Gesù, San Ignazio, San' Andrea, San Carlino) und Paläste Roms diese Wortbedeutung glanzvoll widerlegen, so lernt man im Verlauf römischer Besichtigungstouren doch, den Barock und seine vor nichts haltmachende Umbaumanier zu hassen.

In gewisser Weise gilt das leider auch für die nächste Station unserer Pilgertor, den von Santa Croce in Gerusalemme bereits sichtbaren und über die Via Carlo Felice rasch erreichbaren Lateran. Sicher, an großartiger Weitläufigkeit lassen weder die Kirche San Giovanni in Laterano und der angrenzende Papstpalast noch die vor beiden liegende Piazza etwas zu wünschen übrig. Doch dieser Eindruck herrscht vor allem aus der Ferne. Je näher man dem Lateran kommt, desto mehr erscheint einem jene Großartigkeit nur noch als monumentale Öde. Ganz anders als am Petersplatz gibt es hier nichts, was dem Blick auf die Steinmassen einen sinnvollen Halt und eine lebendige Perspektive verleihen könnte. Alles hier, das spürt man, soll Macht und Bedeutung signalisieren – und macht gerade so den riesigen Bedeutungsverlust deutlich, den die einstige römische Residenz der Päpste und ihres gesamten Hofstaats während der letzten 1000 Jahre erfahren hat.

Das Merkwürdige daran ist: Rein kirchenrechtlich gesehen ist bis heute die Lateranbasilika die wichtigste unter den römischen Kirchen. Sie – und nicht etwa Sankt Peter – ist die Titularkirche des Papstes als Bischof von Rom, jenes Amtes also, von dem sich alle anderen päpstlichen Vollmachten erst ableiten. Und nach wie vor wird das Leben der Diözese (der Bischofsgemeinde) Rom vom Lateranpalast aus koordiniert und geleitet.

Das alles ist, auch wenn dem Papst für die Verwaltung seines römischen Kirchensprengels eine Reihe von Kardinälen und Bischöfen zur Seite stehen, nicht etwa bloße Theorie, im Gegenteil: Gerade in jüngster Zeit legen die Päpste wieder größten Wert darauf, in ihrer Eigenschaft als Bischöfe von Rom wahrgenommen zu werden und, so gut es geht, mit den in Rom wohnenden Katholiken und ihren Seelsorgern Kontakt zu halten. Die Gelegenheit dazu nehmen sie nicht nur bei Gemeindebesuchen wahr (wie Johannes Paul II. hat sich Benedikt XVI. vorgenommen, im Lauf seiner Amtszeit jede einzelne römische Pfarrei aufzusuchen), sondern auch, indem sie vor allem an hohen Feiertagen persönlich die Festmessen in der Lateranbasilika zelebrieren. Für Roms Katholiken und für gut informierte Touristen bietet sich dann die Gelegenheit, dem Papst wesentlich näher zu kommen, als dies während der Massenaudienzen und Sonntagsansprachen im Vatikan der Fall ist. Dennoch, von der einstigen Bedeutung des Laterans erzählen nur noch die Steine.

700 Jahre ist es mittlerweile her, dass sich Papst Clemens V. unmittelbar nach seiner Wahl nach Avignon absetzte und damit den Lateran aufgab, der seinen Vorgängern fast ein Jahrtausend lang als Residenz gedient hatte. Das Gelände gehörte ursprünglich einer römischen Patrizierfamilie, den Laterani, wurde dann von Nero konfisziert und zum kaiserlicher Besitz erklärt. Nachdem Kaiser Konstantin die Kirche als seinen wichtigsten Bündnispartner gewonnen hatte, machte er im Jahr 314 den Lateran dem damaligen Papst Miltiades zum Geschenk, mit der Auflage, auf dem Grundstück ein Gotteshaus zu errichten.

So entstand hier, noch vor der ersten Peterskirche, die zunächst Christus, dem Erlöser gewidmete Lateranbasilika – und es entstand der Papstpalast, von dem aus die sich rasch vergrößernde Weltkirche fortan regiert wurde. Zwar begann die jenseits des Tibers liegende Peterskirche vor allem wegen des darunter vermuteten Petrusgrabs der Laterankirche bereits im frühen Mittelalter den religiösen Rang abzulaufen; bedeutendstes Zeichen dafür war die in

Sankt Peter erfolgte Kaiserkrönung Karls des Großen. Dennoch blieb der Papstsitz im Lateran faktisch wie politisch das Machtzentrum der katholischen Kirche – und insofern der Vorgänger des heutigen Vatikans.

Dessen zweiter Vorgänger wurde, wie eben erwähnt, für insgesamt 70 Jahre das südfranzösische Avignon mit seinem mächtigen, bis heute erhaltenen Papstpalast. Nach ihrer Rückkehr aus dem französischen Exil (in dem sie sich zwar auf Wunsch des französischen Königs, aber auch durchaus aus eigenem Antrieb aufhielten – niemand hat sie dazu gezwungen) blieb den Päpsten dann kaum eine andere Wahl, als in den Vatikan überzusiedeln: Der Lateranpalast war nämlich in der Zwischenzeit bis auf wenige Überreste abgebrannt; das heutige Nachfolgergebäude wurde erst 200 Jahre später, im 16. Jahrhundert, errichtet, nachdem die Ruinen des alten Palastes – mit Ausnahme der Scala Santa, der Heiligen Treppe, und der ehemaligen Papstkapelle – zerstört worden waren.

Damals plädierten viele dafür, die durch den Brand ebenfalls beschädigte Laterankirche bei dieser Gelegenheit gleich mit abzureißen. Doch Papst Innozenz X. sorgte dafür, dass die alte Bausubstanz der Kirche erhalten blieb und beauftragte, als das Heilige Jahr 1650 bevorstand, den berühmten Barockbaumeister (und Bernini-Konkurrenten) Francesco Borromini mit der Renovierung und Modernisierung von San Giovanni. Wohlwollend gesagt mag man das Ergebnis von Borrominis architektonischen Bemühungen als einen formstrengen, vor allem seiner bewussten Kühle wegen eindrucksvollen barocken Kirchenraum bezeichnen. Man könnte aber auch sagen: Die heutige Lateranbasilika wirkt in erster Linie leer. Immerhin ließe sich das als Vorzug interpretieren: Schließlich verschafft uns der von seinen antiken Grundmauern umfasste Innenraum ein nachhaltiges Bild von den imposanten Dimensionen einer original römischen Basilika.

Leider wird selbst dieser Eindruck ziemlich heftig gestört durch eine Bausünde, die man sogar einem Papst kaum verzeihen mag: die unter Leo XIII. um 1880 vergrößerte Apsis (also der Altarraum) der Kirche, deren Wände mit ebenso riesigen wie heillos kitschigen Mosaiken aus dem 19. Jahrhundert bedeckt sind. Das Mosaik im Apsisrund – es zeigt den von seinen Aposteln umgebenen Christus – stammt zwar aus dem 13. Jahrhundert, ist aber nur die (nicht sonderlich gelungene) Kopie eines antiken Vorbilds, in die bei dieser Gelegenheit zudem noch Darstellungen des Auftraggebers der Renovierung (Papst Nikolaus IV.) sowie der heiligen Franziskus von Assisi und Antonius von Padua eingefügt wurden.

Das wichtigste von früher erhaltene »Originalteil« ist das mächtige bronzene Haupttor der Laterankirche. Jedoch stammt es weder von der abgebrannten alten Basilika noch überhaupt von einer Kirche, sondern aus der heidnischen Antike: Es handelt sich um das ursprüngliche Eingangstor des auf dem Forum Romanum stehenden römischen Kuriengebäudes, das Papst Alexander VII. 1661 dort aus- und hier einbauen ließ. Allerdings erwies sich das Tor des römischen Rathauses als zu klein für die päpstliche Basilika; die deshalb nachträglich angestückten Randleisten sind noch heute zu erkennen.

Ein viel eindrucksvolleres Beispiel für die Umwidmung römischer in christliche Kulturtradition bietet das hinter der Basilika und dem rechts angrenzenden Lateranpalast liegende Baptisterium San Giovanni in Fonte. Die unter Konstantin erbaute und noch heute in ihrer ursprünglichen Gestalt erhaltene Taufkirche des Laterans hat man praktischerweise auf den Fundamenten eines alten römischen Badehauses errichtet.

Weitere Fragmente der ursprünglichen Basilika gibt es in dem alten Hof zu sehen, den man vom linken Seitenschiff der heutigen Laterankirche aus erreicht. Dort findet sich einer der schönsten römischen Kreuzgänge überhaupt; er allein würde den Besuch des Laterans lohnen. Die originell geschmückten, oft anmutig gedrechselten Steinsäulen des Arkadenumgangs sind Paradebeispiele für die Arbeit der Kosmaten, einer zwischen dem 12. und dem 14. Jahrhundert tätigen Gruppe von Marmordekorateuren, die ihre Spuren unter anderem auch in der Wallfahrtskirche Santa Maria Maggiore hinterlassen haben.

Die letzten vorhandenen Zeichen der ehemaligen Bedeutung des Laterans finden sich allerdings weder in der großen Basilika San Giovanni in Laterano noch im Lateranpalast, sondern in der kleinen, von den allermeisten Touristen übersehenen Kirche San Salvatore della Scala Santa. Sie liegt schräg gegenüber der Basilika, jenseits der den Lateranplatz begrenzenden Autostraße, und beherbergt das religiöse Kernstück des alten Lateranpalastes, die Papstkapelle Sancta Sanctorum (die »Allerheiligste«). Zwar wurde auch sie unter Nikolaus III. restauriert und mit neuem Mosaikschmuck versehen, doch der entscheidende Hinweis auf die Wichtigkeit dieses Orts ist bis heute erhalten geblieben: der Architrav (das ist der große Querbalken) über dem Altar, der in lateinischen Großbuchstaben die Aufschrift trägt: NON EST IN

TOTO SANCTIOR ORBE LOCUS – »Auf der ganzen Welt gibt es keinen heiligeren Ort«.

Betreten darf man diesen heiligen Ort als Besucher übrigens nur an wenigen Wochentagen (dienstags, donnerstags und samstags), und auch dann nur während jeweils einer Vormittags- oder Nachmittagsstunde. In den übrigen Zeiten muss man sich mit einem Blick durch die marmorne Frontwand der Sancta Sanctorum begnügen.

Vor diese Wand gelangt man über die Scala Santa, die »heilige Treppe« – so genannt, weil sie aus den 22 Marmorstufen jener Treppe zusammengefügt ist, über die Christus sein Kreuz auf den Kalvarienberg getragen haben soll und die, ebenso wie die Kreuzigungsreliquien von Santa Croce in Gerusalemme, Konstantins Mutter Helena nach Rom gebracht hat. Oft trifft man hier Gläubige, die die (mittlerweile mit Holz verkleideten) Treppenstufen auf Knien überwinden und sich so einen Sonderablass verdienen. Wer das nicht mag, darf – entgegen einem von manchen Reiseführern verbreiteten Gerücht – die Treppe getrost zu Fuß hochsteigen.

Zwei andere bedeutende Reliquien werden in der Lateranbasilika selbst aufbewahrt: Im Ciborium (so heißt in der katholischen Liturgie der »Speisenbehälter« für die Hostien) sind zwei Totenköpfe zu sehen oder zumindest zu ahnen: vorgeblich die Häupter der Apostel Petrus und Paulus. Während sich die Frage nach der Echtheit der Schädel wohl niemals zufriedenstellend beantworten lässt, gibt es im Fall des Paulus-Schädels immerhin eine plausible Erklärung dafür, dass man ihn von dem zugehörigen Skelett getrennt zeigt: Anders als dem der Legende nach am Kreuz gestorbenen Petrus soll man Paulus das

Privileg einer römischen Staatsbürgern vorbehaltenen Hinrichtungsart zugebilligt haben: Er wurde enthauptet.

Das kopflose Skelett des Paulus wurde der Überlieferung zufolge außerhalb der Stadtmauern begraben, an der Stelle, an der heute die Basilika San Paolo fuori le mura steht – gleichfalls eine der sieben Wallfahrtskirchen, der allerdings ein noch härteres Schicksal als dem Lateran widerfuhr: Die bis zum Bau des neuen Petersdoms mit Abstand größte Basilika der Welt brannte im Juli 1823 bis auf wenige Grundmauern ab; ein mit Renovierungsarbeiten beschäftigter Dachdecker hatte, als er Feierabend machte, unter einer Bleipfanne ein Stück glühender Kohle übersehen. Das Ereignis wurde nicht nur in Rom, sondern von vielen Katholiken in der ganzen Welt als Katastrophe empfunden. Die Patriarchalbasilika Sankt Paul vor den Mauern nämlich galt als die wichtigste christliche Kirche außerhalb des Vatikans; wie Sankt Peter über dem Grab des Petrus war dieses Gotteshaus über dem Grab des Paulus errichtet worden, des anderen der beiden »Apostelfürsten« also, die die Anfänge der römischen Kirche geprägt hatten.

Allerdings: Der entscheidende Anteil kam, wie schon im Eingangskapitel dieses Buches beschrieben, dabei nicht Petrus, sondern Paulus zu. Auf seinen Missionsreisen durchs alte römische Weltreich geriet Paulus mehrmals in Gefangenschaft, und als Gefangenen eskortierte man ihn schließlich nach Rom.

Ob Paulus vor seinem Tod tatsächlich Gelegenheit fand, die christliche Lehre in Rom selbst, zumindest unter den dort gefangen gehaltenen Christen, zu entfalten, wissen wir nicht. Sicher ist aber, dass die römische Gemeinde

Paulus schon sehr früh als religiöse Leitfigur verehrte, während die auf der »Nachfolgepassage« des Matthäusevangeliums gründende These, Petrus sei der erste Leiter der römischen Gemeinde gewesen, erst deutlich später zur innerhalb der Kirche herrschenden Meinung wurde. Paulus geriet deswegen nicht in Vergessenheit; wohl aber stand er von da an in der Rangfolge der Apostel deutlich hinter Petrus.

War das gerecht? Wir gehen wohl nicht ganz fehl, wenn wir in der Kirche San Paolo fuori le mura auch ein Monument des schlechten Gewissens der römisch-katholischen Kirche gegenüber ihrem Urahnen und Mitbegründer Paulus erblicken. In dem Maße, in dem sich die frühen christlichen Basisgemeinden zur »Amtskirche« entwickelten, wuchs bei vielen das Unbehagen über jene Zurücksetzung des Paulus. Manche Kritiker sprachen sogar von dessen gezielter »Ausgrenzung« aus der offiziellen Tradition der katholischen Kirche, deren hierarchischer Charakter sich mit Paulus' Auffassung vom Christentum nicht vertrage.

Zuletzt hat der linkskatholische Filmregisseur und Autor Pier Paolo (Petrus Paulus!) Pasolini diesen Vorwurf aufgegriffen und ihn unmittelbar ins Politische gewendet: Für Pasolini ist Paulus eine Art Vorläufer der politischen Theologie des 20. Jahrhunderts, der durch seine Auslegung der Botschaft Jesu das auf strikten Klassenschranken beruhende römische Machtsystem radikal infrage stellte und letzten Endes sogar überwand.

Auch wenn Pasolini (der übrigens ein nicht mehr realisiertes Drehbuch zu einem Film über den heiligen Paulus hinterließ) da vielleicht allzu enthusiastische Schlüsse gezogen hat: Seine Beschreibung des modernen Alltagslebens im »paulinischen« Rom – gemeint ist ungefähr die Gegend zwischen der Porta Ostiense und San Paolo – zählt zu den schönsten Texten, die über Rom geschrieben worden sind. Zugegeben, das gehört nicht wirklich hierher. Es sei denn, man ginge, mit Pasolinis Text in der Hand, den weiten Pilgerweg hinaus nach San Paolo zu Fuß, statt bequemerweise die Metrolinie B oder den Bus zu benutzen.

Anders als für Paulus selbst hat Pasolini sich für die dem Heiligen gewidmete Kirche offenkundig nicht interessiert. Verdenken kann man ihm das kaum. Der bald nach dem Brand mit dem »Wiederaufbau« beauftragte Architekt ließ unseligerweise die noch erhaltenen Mauern des alten Gebäudes abreißen, um Platz für seine Neukonstruktion zu gewinnen. Ungefähr erhalten blieben dabei lediglich die gewaltigen Dimensionen der alten Basilika. Dem fünfschiffigen Neubau selbst irgendwelche ästhetischen Reize abzugewinnen fällt einem alles andere als leicht.

Gewiss, Kirchen sind in erster Linie nicht für Touristen da, sondern für Beter. Doch angesichts der Bahnhofshallenatmosphäre des riesigen Innenraums von San Paolo dürften sogar die frömmsten Pilger Mühe haben, so etwas wie eine andächtige Stimmung in sich zu erzeugen. Und fragen darf man sich auch, ob es wirklich eine gute Idee war, ausgerechnet die Kirche des heiligen Paulus mit den Porträts sämtlicher (bis zu Benedikt XVI.) 266 Nachfolger des heiligen Petrus auszuschmücken, die man doch eher in der Peterskirche erwarten würde.

Nichtsdestotrotz gelten diese »Papstfresken« als eine

der Hauptattraktionen von San Paolo fuori le mura. Begonnen wurde die Bildnisreihe relativ bald nach der Einweihung der alten Paulsbasilika im fünften, spätestens im sechsten Jahrhundert. Das heißt: Für den vorhergehenden Zeitraum kann von authentischen Porträts nicht die Rede sein; an deren Stelle sind idealisierende Abbildungen getreten.

Offen bleibt dabei obendrein die Frage, ob wenigstens Namen und Reihenfolge der zwischen und über den Arkaden von San Paolo verewigten Päpste dem tatsächlichen historischen Ablauf entsprechen. Feststellen lässt sich der Sachverhalt deswegen so schwer, weil die zu großen Teilen noch von der »Naherwartung«, also vom Glauben an ein baldiges Weltende geprägte junge Kirche nicht daran gedacht hatte, so etwas wie ein amtliches Päpsteregister anzulegen. Erst um 530 entstand das »Liber Pontificalis«, das die Kurzbiografien aller bis dahin amtierenden Päpste enthält und von da an bis zum Ende des neunten Jahrhunderts fortgesetzt wurde.

Die darauffolgenden 150 Jahre, bekannt als *saeculum obscurum* (»dunkles Jahrhundert«), verliefen im Vatikan derart verworren und wohl auch skandalös, dass die zeitgenössischen Chronisten offenbar jeden Überblick verloren. Heute weiß man immerhin, dass zwischen 882 und 1049 mindestens 44 Päpste regiert haben, fast so viele wie in den fünf Jahrhunderten davor und danach. Viele von ihnen gelangten durch Bestechung oder Gewalt auf den Thron – und wurden nach meist kurzer Amtszeit ihrerseits vergiftet oder erschlagen.

Erst im zwölften Jahrhundert wurde das »Liber Pontificalis« neu überarbeitet und wieder regelmäßig fortgeschrieben. Doch nachdem die Jahrzehnte des Schisma, in denen zwei oder mehr Päpste gleichzeitig regierten (und dementsprechend verschiedene offizielle Papstchroniken kursierten), erneut große Verwirrung gestiftet hatten, hat man die Arbeit am »Liber Pontificalis« zu Beginn des 15. Jahrhunderts endgültig eingestellt.

Das heute gültige Papstverzeichnis ist fester Bestandteil des 1716 erstmals erschienenen und seit 1851 als offizielles päpstliches Jahrbuch firmierenden »Annuario Pontificio«. Daran, dass die Reihe der Papstfresken in San Paolo nicht mit dieser aus vatikanischer Sicht verbindlichen Chronologie übereinstimmt, dürften sich angesichts der verwickelten Geschichte des Papsttums allenfalls Pedanten stoßen. Ärgerlicher schon ist es für den Betrachter, dass er hier in den meisten Fällen lediglich Kopien zu sehen bekommt: Mit der Basilika selbst hat der Brand von 1823 so gut wie alle bis dahin entstandenen Papstbildnisse zerstört; die wenigen erhaltenen sind im Museum des der Kirche angegliederten Benediktinerklosters zu sehen.

Bei der Betrachtung der jüngsten, nach dem Neubau der Basilika entstandenen und künstlerisch recht unbedeutenden Papstbildnisse (das des gegenwärtigen Papstes ist durch den Strahl eines Punktscheinwerfers hervorgehoben) fällt vor allem auf, dass der Raum für weitere Porträts ziemlich knapp bemessen ist. Dazu könnte einem die oft zitierte »Weissagung des Malachias« einfallen. Die stammt angeblich von einem irischen Zisterzienserabt des zwölften Jahrhunderts, wurde in Wahrheit jedoch erst 1590 von einem Anonymus in die Welt gesetzt. Wie viele ähnliche Prophezeiungen (zum Beispiel die noch berühmtere des Nostradamus) sagt die »Weissagung des

Malachias« das Ende der Welt voraus, tut dies aber in einer besonders aparten Form, indem sie alle bis dahin regierenden Päpste vorausblickend aufzählt und mit einer kurzen Charakterisierung versieht. Papst Benedikt XVI. – ihm kommt laut Malachias der Beiname *de gloria olivae* zu: »vom Ruhm des Olivenbaums«, warum auch immer – wäre demnach bereits der vorletzte Papst überhaupt. Gemessen daran wirkt der Anblick der Porträtserie in San Paolo einigermaßen beruhigend: Es gibt noch Platz für gut zwei Dutzend weiterer Nachfolger.

Der gegenwärtig amtierende Papst übrigens hat dem schlechten Gewissen des Vatikans gegenüber dem heiligen Paulus auf ganz besondere Weise Rechnung getragen, als er das Jahr 2008 offiziell zum Paulusjahr erklärte. Damit lenkte er zugleich den Blick der katholischen Öffentlichkeit wie den vieler Rombesucher wieder auf die Paulusbasilika, die zwar nicht mehr außerhalb der Mauern, also der römischen Stadtgrenzen, aber immer noch sehr weit weg vom Vatikan liegt – ein Monumentalbau im Niemandsland zwischen Industriebrachen und Vorstadtwüsten, der seine eigentliche Bestimmung, die Erinnerung an den hier begraben liegenden heiligen Paulus, lange Zeit eher zu verbergen als sie sichtbar zu machen schien.

Doch das soll nun anders werden. Bislang konzentriert sich der Blick des Kirchenbesuchers, wenn er nicht gerade die Papstbilder über den seitlichen Arkaden betrachtet, zwangsläufig auf den riesigen, vom Florentiner Bildhauer Arnolfo di Cambio geschaffenen Baldachin über dem Papstthron (nebenbei: das einzig wirklich sehenswerte Kunstwerk hier). Im Nähertreten bemerkt man die halbkreisförmige Vertiefung vor dem Altar: Ein paar Stufen führen zu einer durch ein Ziergitter geschützten Marmorplatte mit der Inschrift PAVLO APOSTOLO MART – »Dem Apostel und Märtyrer Paulus (gewidmet)«.

Diese Platte ist das einzige im Neubau enthaltene Überbleibsel der alten Basilika. Merkwürdigerweise war man über die Jahrhunderte nie, nicht einmal nach dem Brand der Kirche, auf die Idee gekommen, nachzuschauen, ob sich darunter tatsächlich ein Grab befand. Hatte man Angst, dort womöglich nichts zu finden? Falls ja, so hat sie der Vatikan jedenfalls tapfer überwunden, als er 2002 ein Archäologenteam mit der Überprüfung des Sachverhalts beauftragte. Und die Experten hatten Erfolg: Sie fanden tatsächlich einen Sarg unter der Marmorplatte. Dennoch tat der Vatikan die daraufhin in den Medien verbreitete Meldung »Paulusgrab entdeckt!« als unsinnige Übertreibung ab: Die Grabungsarbeiten hätten doch nur bestätigt, was man ohnehin schon immer wusste.

Nichtsdestotrotz tauchte nun auch hier das schon im Zusammenhang mit dem »Petrusgrab« im Vatikan geschilderte Problem auf: Woher weiß man, dass in diesem Sarg wirklich die Gebeine des heiligen Paulus liegen? Ein Indiz dafür könnte ein etwa zehn Zentimeter breiter (mittlerweile vermörtelter) Spalt sein, den die Archäologen im Sargdeckel entdeckten. Solche Öffnungen kennt man vor allem von Kultgräbern der Frühzeit; sie dienten dazu, Opfergaben für den Toten in den Sarg einzuführen. In Rom, wo man ja die Feuerbestattung praktizierte, kamen diese kleinen Sargschlitze – Archäologen nennen sie Libationsröhren – erst wieder bei christlichen Heiligengräbern in Gebrauch: Die Gläubigen schoben Stoffstreifen oder Holzstücke durch die Öffnung, um sie durch Berührung mit dem Leichnam zu »weihen« und sie so zu Amuletten zu machen.

Ein wichtiges Indiz, wie gesagt, aber natürlich kein endgültiger Beweis. Dennoch kamen die Entdeckungen der Archäologen wie gerufen zum Paulusjahr: Mit dem Sarg erhält die Basilika sozusagen ihr geistliches Zentrum zurück, das durch eine Umgestaltung der Grabstätte in Zukunft vollständig sichtbar gemacht werden soll.

Ganz sicher ist sich der Vatikan seiner Sache allerdings nicht: Von der naheliegenden Möglichkeit, eine Kamera durch die Librationsröhre zu schieben, um den Grabinhalt zu überprüfen (ein Skelett mit Kopf, eines ohne Kopf – oder gar kein Skelett?), möchte man vorläufig keinen Gebrauch machen. Die zögernde Haltung des Vatikans ist Symptom für ein wirkliches Dilemma der katholischen Kirche: Je mehr Aufhebens sie von vermuteten oder echten Reliquien macht, desto mehr konterkariert sie ihr eigenes, durchaus ernst gemeintes Bestreben, den Glauben unabhängig von vorwiegend magischen Elementen wie eben der Verehrung angeblicher Heiligengebeine zu machen. Ganz im Sinne des heiligen Paulus übrigens: Die anderen »fordern Zeichen«, hat der Völkerapostel geschrieben, »wir Christen aber leben im Glauben und nicht im Schauen«.

Gräber im Grünen

Roms Christen haben sich, allen Legenden zum Trotz, nicht in den Katakomben versteckt. Einen Besuch sind sie trotzdem wert

Noch fehlt uns die letzte in der Reihe der sieben Wallfahrtskirchen. Sie liegt ebenso weitab vom Stadtzentrum wie San Paolo fuori le mura. Diesen Beinamen – »außerhalb der Mauern« – könnte deshalb auch die an der Via Appia stehende Sebastianskirche tragen. Stattdessen lautet deren voller Name San Sebastiano ad Catacumbas. Das ist sogar für Nichtlateiner leicht zu übersetzen: bei den Katakomben. Wobei in diesem Fall aber nicht die erst später bei San Sebastiano entstandenen Grabhöhlen gemeint sind, sondern die talähnliche, durch den Abbau von Tuffstein entstandene Senke, in der die Kirche steht.

Weil die Gegend ein beliebtes Ausflugsziel vor allem der kleinen Leute war, hatten sich hier bereits in vorchristlicher Zeit jene kleinen Weinschänken etabliert, deren Nachfolger bis heute die Via Appia säumen. Die Aushängeschilder dieser Lokale zeigten gewöhnlich einen Tonkrug, eine sogenannte *kymbe* oder *cumba*. »Zum Krug« nennen sich ländliche Wirtschaften auch heute noch gern – die alte römische Entsprechung dazu lautete *ad catacumbas*.

Noch im ersten Jahrhundert nach Christi Geburt befand sich ein Teil des Geländes im Besitz der römischen Kaiser. Sie nutzten es wie andere Patrizier, die hier draußen Grundstücke besaßen, nicht als Ausflugsgelände (die Wochenendvillen der Vornehmen lagen weiter von der Stadt entfernt), sondern vor allem zur Anlage von Friedhöfen und zum Bau von Mausoleen, in denen die Urnen feuerbestatteter Mitglieder der kaiserlichen Familie aufbewahrt wurden.

Von der Möglichkeit, hier Grabstätten zu errichten, machten nicht nur die römischen Adeligen, sondern nach und nach auch andere Gebrauch, so die Bewohner des nahe gelegenen Judenviertels und schließlich die Christen. Anders als die Römer, für die solche Begräbnisplätze im Grünen als Luxus galten, waren die Christen auf sie angewiesen. Erdbestattungen innerhalb der Stadtmauern waren aus hygienischen Gründen strengstens verboten. Für die meisten Römer stellte das kein Problem dar: Sie praktizierten ohnehin die Leichenverbrennung. Die hielten die Christen jedoch für unerlaubt, weil sie ihrem Glauben an die leibliche Wiederauferstehung zu widersprechen schien.

Mit dieser Ansicht waren die römischen Christen zwar in der Minderheit, aber verfolgt hat sie wegen ihrer Bestattungspraxis gewiss niemand. Es ist kein einziger Fall bekannt, in dem die römische Obrigkeit Einspruch gegen die Anlage eines christlichen Friedhofs vor den

Toren der Stadt erhoben hätte. Im Gegenteil: Aus überlieferten Aktennotizen weiß man heute von einem Zivilprozess, den die (bemerkenswerterweise schon früh als rechtsfähige Gemeinschaft offiziell anerkannte) römische Christengemeinde wegen eines von ihr beanspruchten Grundstücks gegen den Verband der Gastwirte (»Zum Krug!«) führte – und gewann.

Von »geheimen Friedhöfen« konnte also nicht die Rede sein, auch dann nicht, als die eigentlichen Katakomben entstanden, jene lange Zeit als nachgerade mythisch empfundenen Orte, die einst auf jedem römischen Besuchsprogramm ganz oben standen, obwohl sie tief unten liegen. Die Wahrheit über die Katakomben ist ernüchternd unspektakulär: Als in den Vorstadtfriedhöfen an der Via Appia der Raum für weitere Gräber knapp wurde, begann man sie unterirdisch zu erweitern. Erleichtert wurde dies durch die Bodenbeschaffenheit der Talsenke *ad catacumbas*: Das Tuffgestein dort war einerseits leicht zu bearbeiten und andererseits fest genug, um die sich rasch vermehrenden Grabgewölbe nicht einstürzen zu lassen.

Von Geheimgängen konnte dabei keine Rede sein. Das Ganze ging vollkommen legal vor sich. Nach römischem Recht durfte jeder auf seinem eigenen Grund und Boden so tief in die Erde graben, wie er wollte – und die Christen waren ganz offiziell als Eigentümer der Katakomben in die Grundstücksregister eingetragen. Im Übrigen pflegten auch die Römer ihre Friedhöfe nach unten zu erweitern, besonders als gegen Ende des ersten Jahrhunderts, möglicherweise in Nachahmung der christlichen Praxis, die Erdbestattung bei der römischen Oberschicht immer mehr in Mode kam.

Peinlich genau hatten allerdings Christen wie Römer darauf zu achten, dass die Grundstücksgrenzen auch unterhalb des Erdbodens respektiert wurden. Das erklärt, wieso die verschiedenen, oft in vielen Stockwerken gestaffelten und in sich weitverzweigten Grabgänge nicht einmal dann miteinander verbunden waren, wenn sie unmittelbar an andere Katakomben angrenzten. Umgekehrt ausgedrückt: Das Fehlen von Verbindungsgängen ist ein weiterer deutlicher Hinweis darauf, dass dort unten alles streng nach Recht und Gesetz vor sich ging.

Kaum noch haltbar ist nach neueren archäologischen Erkenntnissen die Vermutung, die Katakomben hätten den ersten Christen wenn schon nicht als Geheimfriedhöfe, so doch als geheime Versammlungsorte gedient, sozusagen als »Notkirchen« für heimliche Mess- oder Tauffeiern. Platz genug hätten die Höhlengänge zur Not geboten – wenn auch nicht in den großzügigen Dimensionen, die uns Mervyn LeRoys in jeder Hinsicht legendärer Film »Quo vadis« vorgaukelt, der zwar von Hollywood finanziert, aber in der römischen Filmstadt Cinecittà gedreht wurde. Dort baute man die unterirdischen Gänge und Höhlen nach, obwohl sich die Originalkatakomben gewissermaßen in Ruf- und Sichtweite befinden – knapp vorbei ist auch daneben.

Nichts gegen den Film »Quo vadis«; wo sonst träfe man Liz Taylor, Sofia Loren und Audrey Hepburn in einem Film und wo einen hinreißenderen Bösewicht als Peter Ustinovs infam selbstverliebten Nero? Doch die wundersam plastische und deswegen fast zwei Jahrtausende lang gepflegte sentimentale Vorstellung von einer buchstäblich in den Untergrund getriebenen Frühchristenschar konnte auf die Dauer nicht einmal Hollywood retten. Sich hier im Untergrund zu verstecken wäre schon deswegen keine sehr gute Idee gewesen, weil jeder Römer die Katakomben kannte. Und christliche Messfeiern oder Andachten in Rom waren, wie schon berichtet, bis auf ganz kurze Perioden nicht einmal während der Christenverfolgungen verboten. Von daher gab es also keinen Grund, sie im Verborgenen zu veranstalten.

Dennoch stößt man beim Besuch der Katakomben immer wieder auf vereinzelte Pilgergruppen, die dort unten Messen oder Andachten zum Gedenken an die ersten Christen abhalten. Allerdings ist der große touristische Ansturm in dem Maß zum Erliegen gekommen, in dem sich die nüchterne historische Wahrheit über die Katakomben herumgesprochen hat.

Ein Nachteil muss das nicht sein; auf diese Weise bietet sich uns mittlerweile die Chance, die Katakomben aufzusuchen, ohne in langen Warteschlangen vor deren Eingängen ausharren zu müssen. Denn zum einen sind die unterirdischen Grabkomplexe natürlich noch immer sehenswert, zum anderen empfanden die römischen Christen gerade das Gelände, unter dem die Katakombenfelder der Via Appia liegen, tatsächlich als wichtiges, obwohl keineswegs geheimes geistliches Zentrum.

Nachvollziehen lässt sich das an der auf den ersten Blick ziemlich komplizierten Entstehungsgeschichte der alten Wallfahrtskirche San Sebastiano ad Catacumbas. Dort, wo sie heute steht – unmittelbar links der alten Via Appia, gut zwei Kilometer vom alten Stadttor der Porta San Sebastiano entfernt, lagen Grabstätten und Mausoleen der kaiserlichen Familie, der cinst das Grundstück *ad catacumbas* gehörte. Die verschiedenen Grabbauten wuchsen im zweiten Jahrhundert zu einer Art Nekropole, also einer »Totenstadt«, zusammen, wurden dann aber von ihren adligen Eigentümern aufgegeben. Die verlassene Nekropole wurde aufgeschüttet; auf dem dadurch geschaffenen Plateau entstand stattdessen – höchst offiziell, mit amtlicher Genehmigung der römischen Behörden – eine christliche Begräbnishalle.

Deren große Bedeutung für die frühen Christen hängt offenkundig mit der Überlieferung zusammen, dass im zweiten oder dritten Jahrhundert die Gräber des Petrus und des Paulus gemeinsam hierher verlegt wurden – bevor man sie 100 Jahre später, in der Zeit Konstantins, wieder trennte und in den Vatikan beziehungsweise nach San Paolo fuori le mura überführte.

Für diese Version spricht, dass sich aus der erwähnten Begräbnishalle im dritten Jahrhundert eine den beiden Apostelfürsten geweihte Kirche entwickelte. Und auch die dreischiffige Basilika, die man während der Regierungszeit Kaiser Konstantins unter Verwendung von Teilen des Vorgängerbaus auf dem gleichen Platz errichtete, war noch jahrhundertelang Petrus und Paulus gemeinsam gewidmet.

Eine Konkurrenz für die erste vatikanische Peterskirche also, deren Bau ungefähr zur gleichen Zeit begonnen wurde? Zumindest scheint lange Zeit nicht klar (und vielleicht nicht so wichtig) gewesen zu sein, welcher Basilika der Vorrang gebührte und welcher der beiden außerhalb der damaligen Stadt liegenden Plätze als eigentliches Zentrum der römisch-katholischen Kirche angesehen wurde: der Vatikanische Hügel jenseits des

Tibers oder die Talsenke *ad catacumbas* im grünen Vorstadtgelände längs der Via Appia. Selbst während die Katakomben ringsum fast 1000 Jahre lang, bis zum 19. Jahrhundert, nahezu in Vergessenheit gerieten, blieb San Sebastiano mit seinen relativ kleinen unterirdischen Grabbauten stets einer der wichtigen Orte, an denen sich die Kirche ihrer Ursprünge erinnerte.

Jedenfalls zeigt die verwickelte Baugeschichte von San Sebastiano aufs Neue, wie schwer sich römische und christliche Traditionen voneinander trennen lassen. Auch der Besuch der Katakomben unterhalb dieser Kirche macht weniger ein Gegeneinander als ein Mit- und Ineinander von römischen und christlichen Kulten sichtbar. Wer sich hier auf die unterirdische Zeitreise begibt, stößt zunächst auf drei der ursprünglich römischen Grabbauten, die im Lauf der Zeit von den Christen übernommen wurden. Erst danach finden sich scheinbar Anzeichen einer wirklich blutigen Auseinandersetzung zwischen römischer und christlicher Kultur: In der in neuerer Zeit zur Kapelle ausgebauten Krypta des heiligen Sebastian liegen die Gebeine jenes christlichen Hauptmanns der römischen Prätorianergarde, der während der Christenverfolgung durch Kaiser Diokletian seine exzellenten Verbindungen nutzte, um bedrohten Glaubensgenossen beizustehen.

Indessen sind diese Aktivitäten des heiligen Sebastian so wenig historisch belegt wie sein grausamer Tod: Nachdem er seine eigene Hinrichtung durch die Pfeile eines Erschießungskommandos überlebt habe, so die wahrscheinlich erst um die Mitte des fünften Jahrhunderts formulierte Legende, sei er erst von Freunden gesund gepflegt, dann aber zum zweiten Mal ergriffen und schließlich zu Tode stranguliert worden.

Die von Diokletian initiierte Christenverfolgung hat tatsächlich stattgefunden; sie währte insgesamt fast 25 Jahre und war nicht nur die längste, sondern auch die wohl härteste in der Geschichte des Römischen Reiches. Nachgewiesen ist außerdem, dass ein Mann namens Sebastian in den Katakomben bestattet wurde und dass das Sebastiansgrab schon früh verehrt wurde. Die später mehrfach um- und ausgebaute Kirche selbst, deren Äußeres wie Inneres mittlerweile einen merkwürdig trostlosen, ja verwahrlosten Eindruck macht, wurde erst im neunten Jahrhundert dem Andenken des Märtyrers gewidmet.

Ganz in der Nähe von San Sebastiano, an kleineren Seitenstraßen der Via Appia Antica liegen die beiden eindrucksvollsten unter den vielen unterirdischen Friedhöfen Roms: die Calixtus- und die Domitilla-Katakomben. Beide bestehen aus einem riesigen Stollennetz; allein die unterirdischen Gänge der Domitilla-Katakomben sind zusammen mehr als 15 Kilometer lang. Der Besuch kostet deshalb nicht wenig Zeit. Wer dafür nicht mehrere Stunden einplanen kann oder mag, tut gut daran, sich auf eine der beiden zu beschränken – und die Entscheidung dabei vom jeweiligen Ausmaß der permanenten Grabungs- und Restaurierungsarbeiten abhängig zu machen: Diese führen bisweilen dazu, dass ganze Katakombenstockwerke für den öffentlichen Besuch gesperrt werden.

Verfolgt man von San Sebastiano aus den Vicolo delle Sette Chiese, erreicht man nach gut zehn Gehminuten den Eingang der Domitilla-Katakomben. Benannt sind sie nach Flavia Domitilla, einer Nichte Kaiser Domitians. Das ist deshalb bemerkenswert, weil Flavia Domitilla hier gar nicht begraben wurde. Merkwürdiger noch: Es lässt sich nicht einmal genau sagen, ob sie überhaupt eine Christin war. Fest steht nur, dass der Kaiser Domitillas Ehemann aus nicht mehr zu klärenden Gründen im Jahr 95 hinrichten ließ; sie selbst wurde der Gottlosigkeit und einer Vorliebe für »jüdische Gebräuche« bezichtigt und in die Verbannung geschickt. Auch wenn die meisten Römer damals Juden und Christen nicht wirklich voneinander unterscheiden konnten, liegt die Annahme nahe, dass die christliche Überlieferung auch hier eine offizielle römische Begräbnisstätte – eben die der Flavier, zu der Domitilla gehörte – einfach nur für sich vereinnahmt hat.

So gesehen kann es nicht überraschen, wenn wir unter den erhaltenen Wandbildern der Domitilla-Katakomben – einer Art Höhlenmalerei mit frühchristlichen Motiven – auf eine Abbildung des Orpheus stoßen, der durch sein Harfenspiel nicht nur eine Reihe von Vögeln, sondern auch ein Kamel sowie ein bärenartiges Wesen in stille Verzückung versetzt. Offensichtlich hatten die christlichen Benutzer der Katakomben gegen das Bild dieses unleugbar heidnischen Sängers und Halbgottes nichts einzuwenden. Ahnten sie etwa voraus, dass manche Kirchenväter späterer Jahrhunderte den seelenheilenden Musiker Orpheus zu einem Vorläufer des Gottessohns Jesus umzudeuten versuchen würden?

Heute heißt die unterirdische Grotte, in dem sich das Orpheus-Fresko befindet, ganz offiziell Orpheus-Kapelle. Immerhin geht die heidnisch-christliche Koexistenz nicht so weit, dass hier Messen gefeiert würden. Dafür steht stattdessen eine komplette unterirdische Kirche zur Verfügung: die dreischiffige Basilika, die am Ende des vierten Jahrhunderts über den Gräbern der christlichen Märtyrer Nereus und Achilles errichtet und, nachdem sie im Verlauf des Mittelalters verfallen war, 1874 wiederhergestellt wurde.

Die Basilika in den Domitilla-Katakomben war übrigens nur eines von mehreren Gotteshäusern, die in den ersten Jahrhunderten nach Christi Geburt bei oder in den Katakomben errichtet wurden. Hier verehrte die rasch anwachsende und sich dabei mehr und mehr zur Institution entwickelnde Kirche nicht nur ihre ersten Heiligen und Märtyrer, sondern – man denke an »Quo vadis« – eben auch ihre beiden Gründerväter Petrus und Paulus. Insgesamt lassen sich die Katakomben durchaus als Vorläufer, ja im ganz wörtlichen Sinn als Urzellen des Vatikans begreifen.

So gesehen passt auch die erst um die Mitte des 19. Jahrhunderts wiederentdeckte Papstgruft in den Katakomben des Calixtus (erreichbar unmittelbar über die Via Appia Antica) ins Bild. Bevor unter Kaiser Konstantin die erste Basilika über dem vermuteten Petrusgrab im Vatikan errichtet wurde, galt diese Gruft als offizieller Bestattungsort der Päpste; bislang sind hier fünf Papstgräber anhand griechischer Inschriften identifiziert worden.

Nicht nur diese Grabgraffiti, sondern so gut wie alle aus jener Zeit erhaltenen Dokumente bezeugen: Griechisch – und nicht etwa Lateinisch – war ohne Zweifel die »Amtssprache« der römischen Frühchristen. Doch daraus sollte man nicht auf einen kulturellen Gegensatz zwischen »heidnischen« Römern und Christen schließen. Griechisch galt damals, wie für die heutige Zeit das Englische, als »Weltsprache« des römischen Imperiums. Griechisch sprachen auch viele der aus allen Teilen dieses Reiches nach Rom verschleppten Sklaven, unter denen sich die neue christliche Religion besonders schnell verbreitete. Schon im dritten Jahrhundert vor Christus übertrugen jüdische Gelehrte daher das ganze Alte Testament in die *Koiné* (»die allen Gemeinsame«), wie man dieses Weltgriechisch nannte; und auch die Bücher des Neuen, des christlichen Testaments wurden zuerst auf Griechisch verfasst.

Immer wieder der gleiche Befund also: Die Katakomben sind weniger Zeugnisse einer sich vor »den Römern« versteckenden oder sich gegenüber diesen abgrenzenden christlichen Sonderkultur als vielmehr gerade umgekehrt Belege für die von Anfang an einsetzende Verschmelzung von griechisch-römischer Kultur und Christentum. Anders gesagt: Die gesamte Frühgeschichte des Christentums ist nicht etwa ein Seitenzweig, sondern ein integraler Bestandteil der römischen Geschichte. In der Erkenntnis dieses Zusammenhangs, der uns nirgendwo so handfest vor Augen geführt wird wie hier in den Katakomben, liegt im Grunde genommen der Schlüssel zum Verständnis der gesamten späteren Geschichte der katholischen Kirche wie des Vatikans, in dem eben nicht nur das Christentum, sondern auch das Römische Weltreich bis auf den heutigen Tag fortlebt.

Ein Ausflug nach Castel Gandolfo

Über die Melancholie der Via Appia, den Urlaub des Papstes, den Vorzug eigener Milchkühe und Galileis Rache

Auch ein Papst braucht Ferien – selbst wenn die sich nur auf einen vorübergehenden Tapetenwechsel beschränken. Was das Ziel der Urlaubsreise angeht, blieb den Päpsten die Qual der Wahl lange Zeit erspart: Sie pflegten ihre Ferien ausschließlich in Castel Gandolfo zu verbringen, einem kleinen, keine 30 Kilometer von Rom entfernten Ort in den Albaner Bergen. Dort steht seit knapp 400 Jahren die von Urban VIII. erbaute Villa Barberini, in der nicht nur der Papst, sondern ebenso sein vatikanischer Mitarbeiterstab regelmäßig Zuflucht vor der römischen Sommerhitze suchen.

Die päpstliche Ferienresidenz ist staatsrechtlich gesehen Teil des Kirchenstaats. Doch auch wenn ihre Grundfläche mit Parks und Nebengebäuden 55 Hektar und damit elf Hektar mehr als die des Vatikans beträgt, sollte man sich von Begriffen wie »Residenz« und »Castel« nicht in die

Irre führen lassen. Residenz bedeutet in diesem Fall nicht mehr als Aufenthaltsort. Und die Sommervilla selbst hat trotz ihrer einigermaßen stattlichen Ausmaße nichts mit einem schloss- oder gar burgähnlichen Kastell gemein. Vielmehr bezeichnet das italienische Wort *castel* – ähnlich wie das französische *château* – in diesem Zusammenhang einfach einen Weinbauort. Castel Gandolfo ist eines der 13 alten Winzerdörfer, die zusammen das durch ein eigenes Herkunftsprädikat geschützte Anbaugebiet der Castelli Romani bilden.

Das geologische Zentrum des Gebiets bildet der riesige, aber als erloschen geltende Vulkan Monte Cavo, in dessen Kratern sich zwei idyllische Seen gebildet haben: der Lago di Nemi und der doppelt so große Lago di Albano. Der vulkanische Boden – verwitterter Basalt und tuffhaltiger Lehm – bringt neben dem berühmten weißen Frascati auch jene Weiß-, Rot- und Roséweine hervor, die unter der Herkunftsbezeichnung Colli Albani firmieren.

Mit anderen Worten: Um dem Gebiet der Albaner Berge einen Besuch abzustatten, muss man sich nicht ausschließlich für den Papst interessieren. Bereits die alten Römer haben den Naherholungswert entdeckt und dort Sommerhäuser errichtet. Zwei von ihnen, die Villa des Clodius und die des Kaisers Domitian, wurden in die Papstresidenz von Castel Gandolfo integriert.

Begünstigt wurde der römische Freizeittourismus durch den Bau der durch die Albaner Berge nach Süden führenden Via Appia. Deren ursprünglichem Verlauf folgt noch heute eine der beiden Weinstraßen, die die Römer vor allem an Wochenenden massenhaft für Familienausflüge nützen, getreu der in Italien besonders beliebten Devise: Am schönsten ist es da, wo alle anderen sind. Die aus diesem Grund hochentwickelte touristische Infrastruktur der Albaner Berge – zahllose *enoteche* (Vinotheken) und Trattorien offerieren jungen Wein zu herzhaften Regionalspezialitäten wie *porchetta* (am Spieß gegrilltes Halbwildschwein) – lässt sich natürlich genauso an Werktagen nützen. Dann findet man auch die Muße, sich mit den kulturellen Highlights im Süden von Rom vertraut zu machen.

Die Albaner Berge sind mit öffentlichen Verkehrsmitteln gut erreichbar: Man nimmt entweder die U-Bahn-Linie A bis zur Station Anagnina und von dort die blauen Cotral-Busse (die mit »Direzione Via Appia–Via Nettunense« beschrifteten fahren bis Castel Gandolfo), oder man fährt von der Stazione Termini, dem römischen Hauptbahnhof, mit dem Nahverkehrszug nach Frascati, von wo es dann ebenfalls mit Cotral-Bussen weitergeht.

Wer den Ausflug nach Castel Gandolfo von Rom aus im eigenen Auto unternimmt, tut gut daran, die moderne Via Appia Nuova zunächst einmal zu meiden. Zum einen ist sie als direkte Verbindung zwischen dem Stadtzentrum und dem Flughafen Ciampino häufig überlastet, und zum anderen ließe man dabei die altrömische Via Appia Antica zwar nicht links, aber (aus der Fahrtrichtung gesehen) rechts liegen.

Dass der Vatikan und die zweite päpstliche Residenz in Castel Gandolfo ausgerechnet durch jene Via Appia Antica miteinander verbunden sind, ist gewiss ein Zufall: Die Päpste hätten sich ja ebenso gut einen anderen Ort im damaligen Kirchenstaat als Sommersitz aussuchen können. Aber immerhin wirkt dieser Zufall außerordentlich sinnreich: Die Via Appia selbst – zugleich Marschroute der römischen Heeresaufgebote und Hauptstraße des größten und wichtigsten Katakombenareals – ist ja ihrerseits nicht nur ein Symbol, sondern ein real erhalten gebliebenes Teilstück der gemeinsamen römisch-christlichen Geschichte.

Die originale Via Appia weist streckenweise noch die altrömische Pflasterung auf und ist, außer an Sonntagen, dennoch als Staatsstraße SS 7 für den allgemeinen Verkehr freigegeben. Erreichen lässt sie sich am besten von der hinter dem Circus Maximus gelegenen Porta Capena aus über die große Viale delle Terme di Caracalla, die bereits auf der Trasse der Appia Antica verläuft, nach 500 Metern in die Via di Porta San Sebastiano und dann in die endlich auch offiziell so benannte Via Appia Antica übergeht.

Was das alles mit dem Vatikan zu tun hat? Genau diese Frage stellte sich, einer frommen Legende nach, Jesus Christus, als er dem vor den Schrecken der Christenverfolgung aus Rom fliehenden Petrus auf der Via Appia entgegentrat. »Quo vadis, Domine?« soll ihn der erstaunte Petrus da gefragt haben: »Wohin gehst du, Herr?« – »Das siehst du doch«, erhielt er zur Antwort, »ich gehe nach Rom, um mich ein zweites Mal kreuzigen zu lassen.« Worauf der so auf seine mangelnde Zivilcourage hingewiesene Petrus – schließlich war er der erste Papst – beschämt kehrtgemacht und zu seiner Gemeinde nach Rom zurückgekehrt sein soll. Zur Erinnerung an diese Begegnung, ohne die (selbst wenn sie nur eine innere Begegnung des Petrus mit seinem Gewissen gewesen sein sollte) es vielleicht keine römisch-katholische

Kirche, mit Sicherheit aber kein römisches Petrusgrab, keinen Petersdom und keinen Vatikan gäbe, wurde im neunten Jahrhundert die Kirche »Domine, Quo vadis« (sie steht heute links der Via Appia an einer Straßengabelung) erbaut, und zwar genau über dem bis heute sorgfältig konservierten Fußabdruck, den Jesus damals angeblich im Straßenpflaster hinterließ.

Abgesehen davon, dass in der »Quo vadis«-Kirche merkwürdigerweise nur ein Duplikat ausgestellt ist (das »Original« wird einen guten Straßenkilometer weiter in der Kirche San Sebastiano aufbewahrt) – an die Echtheit dieses steinernen Fußabdrucks zu glauben fällt einem, milde ausgedrückt, einigermaßen schwer. Allenfalls bewundert man, während man ihn besichtigt, die glaubensstarke Detailverliebtheit seiner Hersteller: Sie vergaßen nicht einmal die Löcher in den Fußsohlen (es sind beide Füße zu sehen), die auf die bei der Kreuzigung verwandten Nägel hinweisen.

Hinter San Sebastiano verlassen wir allmählich das Gebiet der Katakomben. Das heißt nicht, dass es von nun an keine kulturgeschichtlichen Attraktionen mehr zu sehen gäbe, im Gegenteil: Die gesamte Via Appia Antica ist ein einziges antikes Freilichtmuseum. Nur, mit dem Gegenstand unseres Buches haben die weiteren entlang der Straße aufgereihten Grabdenkmäler (besonders prominent: das Grab der Cecilia Metella) oder Landhäuser bei bestem Willen nichts zu tun. Wir nehmen das als willkommenen Anlass, uns statt auf klassische Ruinen und unterirdische Höhlen wenigstens vorübergehend auf die immer noch von alten römischen Meilensteinen markierte Straße selbst zu konzentrieren. Die ist zwar im Lauf der Zeiten ganz schön heruntergekommen; eine Zeit lang feierte der römische Vorstadtstraßenstrich entlang der alten Appia mehr oder weniger fröhliche Urstände, und nachts kommt es einem hier immer noch nicht recht geheuer vor. Tagsüber aber, vor allem in den späten Nachmittagsstunden, spürt man entlang der Straße immer noch jenes faszinierend melancholische Flair, das so viele Landschaftsmaler des 18. und frühen 19. Jahrhunderts in ihren Bildern festzuhalten versuchten: hier eine Schafherde auf einer mit Steintrümmern übersäten Wiese, dort eine in leicht zerzauster Würde erstarrte Piniengruppe und hinten, ganz am Horizont, die Bögen eines antiken Viadukts.

Am dichtesten vermittelt sich einem diese seltsame Stimmung zwischen dem dritten und dem sechsten Meilenstein. Danach wird's dann zunehmend schwieriger, den Schnellstraßenlärm der weiter links verlaufenden Via Appia Nuova zu ignorieren, in die, nach ungefähr 15 Kilometern, die alte Via Appia einmündet. Von dort sind es nur noch wenige Autominuten bis zur Abzweigung an den Albaner See und nach dem eindrucksvoll steil über dem See aufragenden Castel Gandolfo – vorausgesetzt, man bleibt nicht noch kurz vor dem Ziel im gern sehr zäh fließenden Verkehr der Via Appia Nuova stecken. Um eben das zu vermeiden, lässt sich der Papst meist im Hubschrauber in seine Sommerresidenz fliegen.

Doch nur kein Neid! Uns erwartet schließlich, nachdem wir den Hügel zum Castel hinaufgekurvt sind, das kleine Dorf Castel Gandolfo mit seiner wunderschönen Marktplatzidylle direkt vor dem Schloss – ein Anblick, der dem Papst selbst stets vorenthalten wird. Dessen Landeplatz liegt nämlich in der äußersten südlichen Ecke des Geländes. Wenn der Papst dort aussteigt, bekommt er als Erstes statt seiner Sommervilla ein paar Gemüsefelder und einen kleinen Bauernhof zu sehen. Die Hälfte des päpstlichen Landsitzes wird bis heute landwirtschaftlich genutzt; die – streng nach den Regeln der Biolandwirtschaft – erzeugten Produkte kommen der Küche des Papstes, derjenigen der Schweizergarde und anderen Kantinen des Vatikans zugute.

Was dann noch übrig bleibt an Obst, Gemüse, Olivenöl oder Honig (es gibt auch einen päpstlichen Bienenstock), wird entweder in der Annona, dem vatikanischen Supermarkt, oder öffentlich auf dem Wochenmarkt von Castel Gandolfo verkauft.

Auch die Milch von Castel Gandolfo fand früher viele Liebhaber, als sie noch in der Annona verkauft wurde. Doch die Zeiten, in denen veritable Nutztierhaltung betrieben wurde, sind schlicht deswegen vorbei, weil von zumindest finanziellem Nutzen keine Rede mehr sein kann. 2003 war der vatikanische Agrarbetrieb sogar ganz eingestellt worden; es musste wohl erst ein Papst aus Bayern kommen, um ihn neu zu installieren. Heute ist der von dem jungen Landwirt Emiliano Arciero liebevoll bewirtschaftete Bauernhof von Castel Gandolfo sozusagen ein kleines Mustergut, das vor allem aus Freude an der Sache betrieben wird. Immerhin, für den Tisch des Papstes fällt dabei genug ab; Milch von den gerade mal acht gefleckten Kühen, die hier gehalten werden, Eier von zwei Dutzend frei über die Wege und Wiesen des Parks laufenden Hühnern, Oliven von den Bäumen und Honig von den Bienen.

Die Tiere, erzählt Emiliano stolz, würden hier fast so liebevoll wie Menschen betreut – fast, denn ab und an gerät schon einmal ein Kalbsbraten oder ein Stück Lammfleisch auf die Teller der Papst-WG. Zu Emilianos Ehre: Wenn er einen seiner Schützlinge zur Schlachtbank führen muss, bricht ihm jedes Mal fast das Herz. Und es gibt Tiere, denen er das um keinen Preis antäte, zum Beispiel ein Lamm, das eine Besuchergruppe dem Papst als originell gemeintes Ostergeschenk überreichte und das Emiliano wochenlang mit der Flasche aufpäppeln musste – wie ein Menschenkind eben.

Maschinen setzt der Bauer des Papstes für seine Arbeit so gut wie nicht ein, nach Möglichkeit nicht einmal seinen netten kleinen Traktor. Für den öffentlichen Verkehr, und nicht nur für den motorisierten, ist das gesamte Areal ohnehin strikt gesperrt. Schließlich kommen die Päpste hierher, um wenigstens für kurze Zeitspannen ihre Ruhe zu haben. Wirklich Urlaub machen sie hier aber kaum. Benedikt XVI. etwa nützt die päpstliche »Ferienwohnung« – sie befindet sich im zweiten Stock des westlichen Flügels der Villa Barberini – mit Vorliebe, um seine Bücher zu schreiben und um private Besucher zu empfangen. Neben denen sagen sich freilich auch immer wieder offizielle Gäste wie die deutsche Bundeskanzlerin oder der Präsident der Vereinigten Staaten in Castel Gandolfo an und dann geht es dem Papst vermutlich nicht anders als vielen anderen Ferienhausbesitzern, in deren Sommerfrische mehr oder weniger liebe Besucher hereinplatzen: Er macht halt gute Miene zum bösen Spiel.

Wer es als Privatmensch darauf anlegt, sich unter jene Ruhestörer einzureihen, muss über gute kirchliche

Beziehungen verfügen: Zu Besucheraudienzen werden in Castel Gandolfo nur kleinere Gruppen zugelassen. Die großen Mittwochsaudienzen dagegen, zu denen nach Voranmeldung jeder Zutritt hat, finden auch im Sommer grundsätzlich im Vatikan statt – der Hubschrauber macht's möglich.

Sonntags jedoch bleibt der Papst in Castel Gandolfo. Und statt, wie sonst, vom Fenster seiner Wohnung über dem Petersplatz aus zelebriert er dann das (meist mit einer kurzen Ansprache verbundene) Angelusgebet auf der Loggia seiner Residenz. Für Castel-Gandolfo-Touristen ist das die einzige Chance, den Papst hier persönlich zu sehen – und zugleich wenigstens bis in den Innenhof des Palastes vorzudringen, über dem jene Loggia liegt.

Übrigens ist es nicht der Papst allein, der hier die Gelegenheit zur Sommerfrische oder zu einem Kurzurlaub in den Albaner Bergen nützt. Das vatikaneigene Grundstück von Castel Gandolfo ist im Lauf der Zeit immer wieder durch Zukäufe vergrößert und ausgebaut worden. Zum einheitlichen »Feriendorf« wurde die Anlage erst vor gut 70 Jahren. Seit damals verbinden Straßenbrücken und Galerien die bis dahin getrennt voneinander liegenden drei größeren Landhäuser. Außer der eigentlichen Papstresidenz, der Villa Barberini, sind das der sogenannte Giardino del Moro und die Villa Cybo. Vor allem in Letzterer halten sich gern Kardinäle aus aller Welt auf. Einer von ihnen war im Herbst 1978 der polnische Kardinal Wojtyla. Der suchte hier Ruhe vor dem durch die damals bevorstehende Papstwahl ausgelösten vatikanischen Stress – und wurde eine Woche später selbst zum Papst gewählt.

Niemals Ferienstimmung herrscht im gegenüber der päpstlichen Wohnung liegenden Ostflügel der Villa Barberini, im Gegenteil: Dort wird das ganze Jahr über buchstäblich Tag und Nacht gearbeitet. Hier nämlich ist die *specola* untergebracht. Hinter diesem Namen steckt eine Institution, die in den Augen vieler ungefähr so gut zum Kirchenstaat zu passen scheint wie die Faust aufs Auge: die vatikanische Sternwarte, von Spöttern zuweilen auch »Galileis Rache« genannt.

1633 hatte die katholische Kirche Galileo Galilei wegen seiner Verteidigung des kopernikanischen Weltbilds (»Die Erde dreht sich mit den anderen Planeten um die Sonne«) verurteilt und zum Widerruf gezwungen. Dass sie sich den Erkenntnissen des großen Astronomen später beugen musste, ist ebenso bekannt wie die Erklärung, in der Papst Johannes Paul II. – spät, aber immerhin – jenes Verdammungsurteil öffentlich widerrief. In Wahrheit freilich hat sich der Vatikan von Anfang an ziemlich unwohl mit seiner Entscheidung gefühlt. Gut und schön, die Bibel bezeichnete ganz eindeutig die Erde als den Mittelpunkt des Kosmos. Gegen astronomische Erkenntnisse, die in eine andere Richtung wiesen, hatten die Päpste lange Zeit kirchliche Gegengutachter ins Rennen geschickt, die beunruhigende Befunde über Planetenbahnen, merkwürdige Schwerkraftphänomene und dergleichen irgendwie ins traditionelle Weltbild der Kirche einzufügen versuchten.

Diese Zeiten sind längst passé. Der Glaube fängt da an, wo die Wissenschaft aufhört, sagt der gegenwärtige Papst. Das bedeutet aber letztlich, dass man nicht versuchen sollte, die Wissenschaft durch den Glauben zu ersetzen.

Dass der auch naturphilosophisch exzellent gebildete Benedikt XVI. immer wieder und klarer als all seine Vorgänger die Bedeutung der modernen Naturwissenschaften hervorhebt, freut das kleine, von dem amerikanischen Astronomen Richard Murphy geleitete und ausschließlich aus Jesuiten bestehende Team ganz besonders.

»Nein, Gott sehe ich da oben nicht«, sagt Murphys Stellvertreter Sabino Maffeo lächelnd, während er aus der Kuppel der Sternwarte durch ein reichlich bejahrtes, trotzdem immer noch eindrucksvolles deutsches Teleskop in den Himmel guckt. Aber irgendwie, fügt er hinzu, suche man gerade auch dann nach Gott, wenn man überholte Welt- und Gottesbilder widerlege und die Grenzen wissenschaftlicher Erkenntnis ins noch nicht Bekannte ausdehne – seien das nun Sterne oder neue Theorien über die Entstehung des Weltalls. Wer für jedes unerklärliche Phänomen immer gleich den lieben Gott verantwortlich macht, davon sind die päpstlichen Astronomen fest überzeugt, dient nicht der Sache des Glaubens, sondern schadet ihr eher, schon weil wir das meiste von dem, was uns heute wie ein Rätsel oder ein Wunder erscheint, ziemlich sicher eines Tages natürlich werden erklären können.

»Andererseits«, setzt Pater Maffeo leise hinzu (und das ist der einzige fromme Satz, den wir von ihm hören), »wird uns bei alledem niemals die Frage nach dem Warum loslassen.« Darf man also die *specola* wirklich als »Galileis Rache« bezeichnen? Der Astronom antwortet mit dem berühmtesten Satz Galileis, der noch auf dem Sterbebett darauf bestanden haben soll, dass sich trotz seines erzwungenen Widerrufs die Erde um die Sonne drehe. »Eppur si muove« (»Und sie bewegt sich doch«) – und fügt trocken hinzu: »la Santa Chiesa«: Auch die heilige Kirche bewegt sich.

Ein schöneres Schlusswort, fällt uns auf der Rückfahrt von Castel Gandolfo nach Rom ein, hätten wir zu unserer Gebrauchsanweisung für den Vatikan nirgends finden können.

Bereits erschienen:
Gebrauchsanweisung für...

Amerika
von Paul Watzlawick

Amsterdam
von Siggi Weidemann

Barcelona
von Merten Worthmann

Bayern
von Bruno Jonas

Berlin
von Jakob Hein

die Bretagne
von Jochen Schmidt

Brüssel und Flandern
von Siggi Weidemann

Budapest und Ungarn
von Viktor Iro

China
von Kai Strittmatter

Deutschland
von Maxim Gorski

Dresden
von Christine von Brühl

die Eifel
von Jacques Berndorf

das Elsaß
von Rainer Stephan

England
von Heinz Ohff

Frankreich
von Johannes Willms

Freiburg und
den Schwarzwald
von Jens Schäfer

den Gardasee
von Rainer Stephan

Genua und
die Italienische Riviera
von Dorette Deutsch

Griechenland
von Martin Pristl

Hamburg
von Stefan Beuse

Indien
von Ilija Trojanow

Irland
von Ralf Sotscheck

Italien
von Henning Klüver

Japan
von Gerhard Dambmann

Kalifornien
von Heinrich Wefing

Katalonien
von Michael Ebmeyer

Kathmandu und Nepal
**von Christian Kracht
und Eckhart Nickel**

Köln
von Reinhold Neven Du Mont

Leipzig
von Bernd-Lutz Lange

London
von Ronald Reng

Mallorca
von Wolfram Bickerich

München
von Thomas Grasberger

Moskau
von Matthias Schepp

Neapel und die
Amalfi-Küste
von Maria Carmen Morese

New York
von Verena Lueken

Niederbayern
von Teja Fiedler

Nizza und
die Côte d'Azur
von Jens Rosteck

Norwegen
von Ebba D. Drolshagen

Österreich
von Heinrich Steinfest

Paris
von Edmund White

Polen
von Radek Knapp

Portugal
von Eckhart Nickel

Rom
von Birgit Schönau

das Ruhrgebiet
von Peter Erik Hillenbach

Salzburg und
das Salzburger Land
von Adrian Seidelbast

Schottland
von Heinz Ohff

Schwaben
von Anton Hunger

Schweden
von Antje Rávic Strubel

die Schweiz
von Thomas Küng

Sizilien
von Constanze Neumann

Spanien
von Paul Ingendaay

Südfrankreich
von Birgit Vanderbeke

Südtirol
von Reinhold Messner

Tibet
von Uli Franz

die Toskana
von Barbara Bronnen

Tschechien und Prag
von Jiří Gruša

die Türkei
von Iris Alanyali

Umbrien
von Patricia Clough

die USA
von Adriano Sack

den Vatikan
von Rainer Stephan

Venedig
von Dorette Deutsch

Wien
von Monika Czernin

PIPER

Birgit Schönau
Gebrauchsanweisung für Rom

192 Seiten. Gebunden

Die ewige Stadt. Die heilige Stadt. Rom ist die Stadt aller Städte. Mit ihren barocken Palästen, ihren unermeßlichen Kunstschätzen und zahllosen Monumenten ist sie das Gedächtnis unserer abendländischen Kultur. Aber wie ewig ist die Stadt wirklich? Und sind tatsächlich alle Römer fromm? Birgit Schönau flaniert durch die größte Altstadt der Welt und schaut sich den Alltag an zwischen Marmor und Geld, dem haarsträubenden Verkehr, der Mode und der herzhaften römischen Küche. Denn eines ist ganz sicher: Auch vor Ostern fastet hier nur einer, und das ist der Heilige Vater.

01/1451/01/L